仕事“筋《きん》”トレーニング No.9

明るいコストダウン

片桐　明　Akira Katagiri

Pan Rolling Library

はじめに

「コスト下げ　やる気も一緒に　下げられる」

これは、2009年第一生命サラリーマン川柳100句のひとつに選ばれた作品である。多くの方が共感される作品ではないだろうか。しかし、真のコストダウンはマイナスイメージを与えるものではない。取り組んだ者にも会社にとっても、多くのメリットをもたらしてくれるのだ。

そこで、本書では「コストダウン」という言葉が持つ暗いイメージを払拭し、明るいコストダウンを提唱していきたい。

多くの会社が、日々、一企業としての発展を目指している。しかし、売上拡大が難しいいま、以前と同じように経費を使えば会社にお金は残らず、倒産の道を余儀なくされる危険性をはらんでいるのだ。

売上拡大が身長や体重を増やす活動だと考えれば、それらを筋肉質にシェイプアップすることがコストダウン活動なのである。体が大きくなっても、それが脂肪ばかりであれば全体の動きが鈍る。少し動くだけでも息切れしてしまい、会社としてのフットワークが悪くなる。これでは売上高がいくら大きくても企業活動としての意味が成り立たない。ムダな肉を落としてシェイプアップすれば、企業としてもそこに携わる人々にとっても活動がしやすくなる。それが、正しいコストダウン活動なのだ。

ビジネスはシビアな世界である。会社経営は誰も助けてはくれない。とくに零細企業や立ち上げたばかりの企業には、世間は冷たいものだ。あくまで、自分たちの努力で踏ん張っていかなければならないのだ。

また、ある程度軌道に乗ってきた企業でも、時勢の波にのまれいきなり手をはたかれることもある。だからといって、不平不満を叫んでみても善意の第三者が現れるわけではない。ならば、ある程度は自力でしのげるキャッシュを手元に置いておくことが必須になる。

会社として生き抜くための、底力は欠かせない。そこで、おのおのが日々の業務に励むことで〝攻めの力〟を養い、コストダウンに励むことで想定外のことが起きても〝守りきる力〟を蓄えるのだ。

○コストダウンに成功した担当課長の貢献の大きさ

ある会社では、年間1億円ものテナント料削減を図ることに成功した。この金額は、同社が全国で展開している営業所のテナント料をすべて合わせた1カ月分に相当する。

これを、同社の一社員が自ら率先して現場の協力を仰ぎながら実現したのである。上司に指示されたわけではなく、日々の業務を進めるなかでコストダウンに興味を持ち、情報を集め、実行に移した。

そんな彼の貢献は、単にコストダウンの成果だけにとどまらない。結果の大きさもももちろんあるが、トップをはじめ、多くの社員がコストダウンを意識するようになったことが会社として一番の成果であろう。いまでは、社員のモチベーションは上がり、「ほかに、何かできるコストダウンはないか」と皆が考えているという。

さらに、世界経済危機という逆風のなかで、先行してきちんとコストダウン活動をしているということを社外にもアピールできる。そして、同社の株主たちからも好印象を得ることができた。つまり、挙げ出したらきりがないほど、彼の貢献度は高いのである。その成果も、きっかけは彼の興味から始まったことである。

同社の成功は、コストダウンに前向きに取り組んだ好例である。しかし、これはけっして特別なことではない。コストダウンを実践している多くの会社で成果に導いているのは、前向きに取り組む社員の皆さんのアイデアだったりするのだ。

縁あって本書を手にとっていただいた皆さんは、コストダウンについて少しは興味をもたれている方々であると思う。そんな皆さんにひとつでも役に立ち、前向きに取り組んでいただけることを願ってやまない。

２００９年３月

片桐明

第1章　なぜコストダウンは必要か

1. お金論

「お金」というと、人それぞれ、さまざまなイメージを浮かべるだろう。より多くのお金を持つことを人生の最大目標にしている人もいれば、お金に振り回されたくないと、最小限の所有だけで満足する人もいる。どちらが正解で、どちらが高尚か……という話では、もちろんない。

お金は、人間が生活していくうえで絶対に欠かせないもの。だからこそ、いろいろな考えがあって当然なのだ。

だからだろう。巷《ちまた》には、お金を得るため、さらに増やすため、あるいは減らさないための本が多数、出版されている。

しかし筆者が見るかぎり、お金そのものとの向き合い方や、付き合い方を取り上げた本は少ない。

「お金はお金好きの人のもとに集まる」と言われるのを聞いた方も多いだろう。しかし筆者は、せっかく集めても「大切にしない人のもとからお金は逃げて行く」と考えている。苦労して集めても、逃げてしまえば手元には残らない。それでは意味がない。

もちろん、人間に不可欠なお金は、企業が経営を続けていくうえでも切り離せないものだ。企業の課題のひとつは、利益追求である。いくら、良い製品やサービスを提供して売上を伸ばしても、付き合い方を間違えてしまえば、お金としてまったく残らないという寂しい現実を迎えてしまうのだ。

■お金を貯めるということ

では、お金はどうすれば貯まるのか――。

読者のなかには、「お金を貯めよう」と努力したことがある方も多いはずだ。「将来のため」「欲しい物がある」「大切な人にプレゼントをあげたい」など、目的は人それぞれ。さて、皆さんの成功率（目的達成）はいかがだっただろうか。「どうしても欲しい！」「（プレゼントする相手に）喜んでほしい」など、強い思いがあった方は目的達成ができたのではないだろうか。

一方、「将来や老後に備えて」となると、明確な期限がないため成果が見えにくく中途半端な結果に陥りやすい。そう、お金を貯めるには「本気でお金を貯めようという強い意志」が成功のカギとなるのだ。

強い意志をもって自分の財布からの支出を本気で見直し、抑えるところは徹底して抑えていく。つまり「節約」である。そして本気でお金について考え、真剣に取り組んだからこそ、苦労して少しずつ貯めたお金を、さらに大切に使うようになるのだ。

企業経営も同様である。本気で会社に利益を残そうと思い、節約をして初めてお金は貯まるのだ。根本から支出を見直し、無駄なお金は使わない、そして必要なコストもできるだけ抑える。

売上を伸ばし、支出を抑えることで利益を増やす――。これが企業経営の根本である。そして、それらの努力はひとつの言葉に集約される。つまり「コストダウン」だ。一致団結してコストダウンの努力をする。それが、お金が離れない会社への道なのだ。

●お金を集める努力——売上拡大
●お金を残す努力——コストダウン

は別のものである。この2つを、ともに努力してこそ企業経営といえるだろう。

2. 企業にとっての使命

企業の絶対的使命、それは「存続する」こと。すなわち「倒産しない」ことである。「創業は易し、守成は難し」という格言がある。しかし「創業は易し」といえども、それはそれで難しいことは、会社に不平不満を抱えながらも多くのサラリーマンが起業をしないことからも分かるだろう。事実、生みの思いを込めて創業した会社も、その約3割もの会社が、創業後1年未満で消えてしまうという結果も出ている（経済産業省「工業統計表」より）。

会社の運営には、社員、顧客、取引業者など多くの人が存在する。一企業の倒産は、そうした会社にまつわる人たちに、多大な迷惑をかけるということだ。それは、彼らを路頭に迷わせるだけでない。それこそ、人生をも狂わせてしまうことにもなる。

そもそも、起業や会社経営とは「存続」を念頭において行われなければならない。したがって、「今後、どうなるか分からないけれど、とにかく始めてみよう」とか、「倒産したらしたで、そのときに考えよう」というのは間違っている。「倒産時には自分が責任を取れる範囲内で収まるようにする」「万が一、会社の経営が続かなくなったら、どのような迷惑を、どういう人たちにかけてしまうだろう」ということを、常に考えていなくてはならないのだ。

生きとし生けるもののすべてが永遠ではないように、会社・企業も正しい努力の積み重ねなくして存続することはできない。にもかかわらず不思議なことに「会社がなぜ倒産するのか？」という理由を、自信を持って答えられる人が意外と少ないのである。さらに驚くべきことに、社長や経営陣の中にすら、そういう人がいるのだ。

倒産する理由が分からないのでは、存続する理由も当然分からない。

会社が倒産する理由、それはとてもシンプルだ。「資金繰りができなくなった」この一言につきる。「黒字倒産」という言葉を聞いた方も多いだろう。黒字という帳簿上での利益は、会社にお金があり、資金が循環していることを意味しているわけではないのである。

「資金繰り」すなわち「支払い」、すなわち「お金」――。

会社にとって、お金は血液と同じである。血液が回らなければ人間は死んでしまうように、お金が回らなくなったとき、あるいは回るめどが立たなくなったとき、会社は倒産する。それほど、お金は会社・企業にとって大切なのである。

■入金と出金

ではなぜ、黒字倒産などが起こるのか。

それは、「出て行くお金は先々まではっきりしているが、入ってくるお金はなかなかはっきりしない」という点にあるだろう。

簡単な等式でお金と利益の違いを見てみよう。

■売上と入金

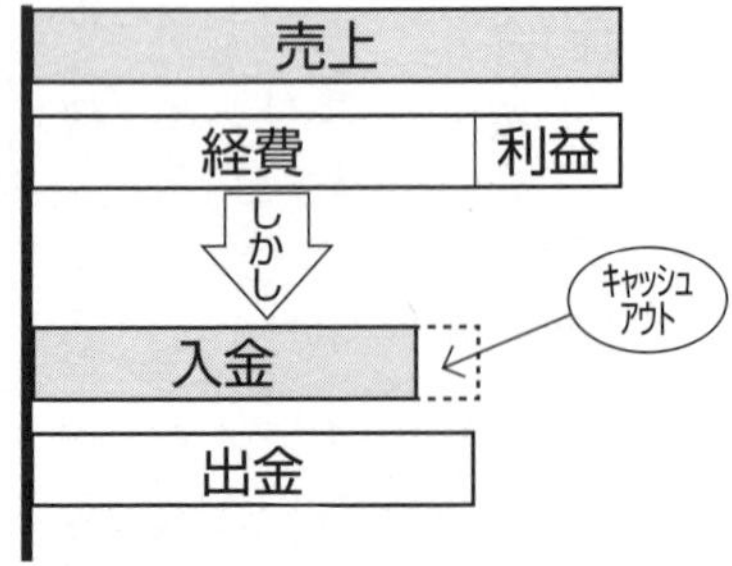

●会社の利益・・・売上－経費＝利益
●企業に残るお金・・・入金－出金＝残金

ポイントは、経費＝出金は明確だが、売上＝入金とは必ずしもならないという点だ。帳簿上で数字（売上）を計上することができても、相手企業が倒産した／支払い遅延が発生した／クレーム等で所定どおりに支払ってもらえなかった、など入金に至らないケースがある。

言い換えれば、運転資金で見るかぎり、売上計上段階では、まだその数字はお金ではないのである。入金されて初めて、使えるお金になる。

「営業マンの仕事は回収で完結する」というのも、このためだ。

■顧客の創造

そもそも、入金をもたらす売上とは、どこからやって来るものなのだろうか？そこには、必ず顧客が存在する。顧客がいなければ、入金どころか売上すらあり得ない。となれば、売上とは「顧客数×顧客単価」ということになる。だからこそ売上を伸ばすために、われわれは常にお客様が長く付き合ってくださるように、また、新しいお客様が増えるように、日々、努力していくのである。

これを経営学の父ピーター・F・ドラッカー氏は、「顧客の創造」と言っている。顧客の創造が売上を作り、会社への入金をもたらしてくれるのである。

世の中には実にさまざまなビジネス・商売があり、その先には多くの顧客が存在する。なかには当たり前のように毎日、途切れずに顧客があるお店や企業、ブランドがあるのもたしかだ。「売上さえ上がれば、コストダウンなんてする必要がない」と言われるかもしれない。しかし、ここでいま一度、考えていただきたい。顧客がいることは、当たり前のことではないのである。

「そんなことは、分かっている。だからこそ日々努力をし、ミスもないように常

■売上と経費

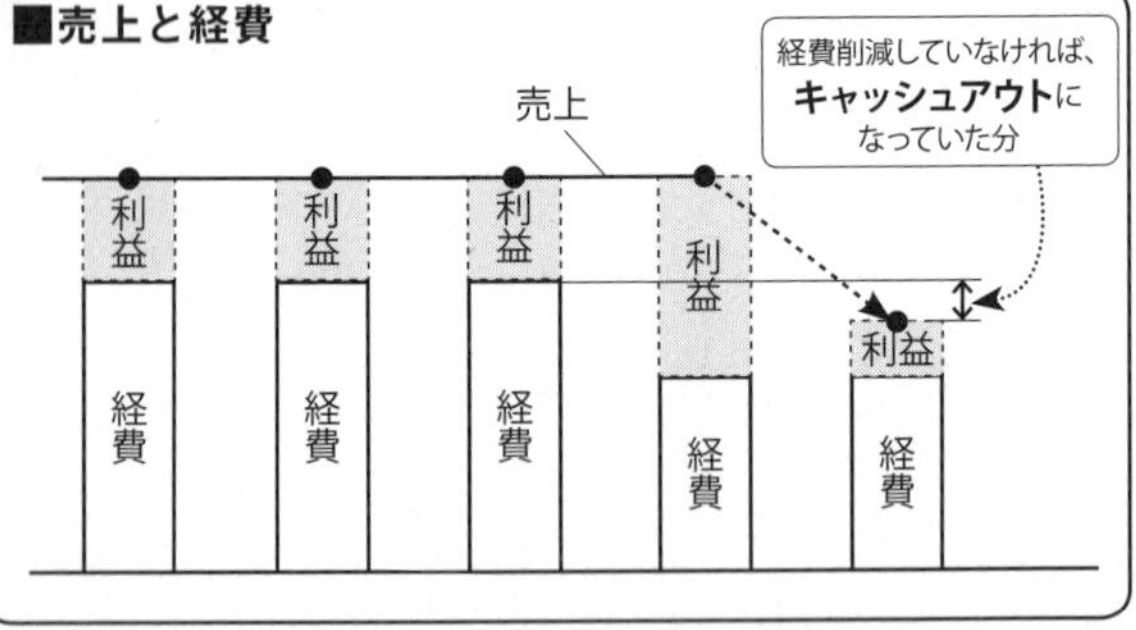

に業務改善をしているんだ！」と言う声が返ってきそうだが……。

しかし、必ずしもそれですべてが回避できるのだろうか。地震などの天災が起こればどうだろうか、何らかのシステム障害が起こればどうだろうか、想定外の事故や事象で悪評が立てばどうだろうか。考え出せばキリがない。残念ながら日々の努力むなしく、一瞬にして目の前からお客様がいなくなることは十二分にあり得ることなのだ。

つまりわれわれは、売上ゼロの可能性を忘れてはならないのである。そして、顧客がもたらしてくれる入金がなくなっても〝支出だけは必ず存在する〟ということも理解していなければならないのだ。

だからこそ、前項で挙げたように、お金を集める努力とともに、お金を残す努力も必要になるのだ。経営の要諦は「入《い》るを計って、出《いず》るを制す」。無駄なコストを精一杯削減して、コストダウンの努力をすることこそ、正しい経営姿勢なのである。

３．いつ何が起きるか分からない

ではここで、想定外の事象が及ぼす影響について考えてみたい。

①政治がもたらす影響

２００８年は建築業界、不動産業界にとって悪夢の始まりであった。05年に発覚した耐震偽装問題に始まり、07年に施行された改正建築基準法、それに伴う現場の混乱。それまでとおっていた建築確認申請がとおらない、もしくはとおるまでに時間がかかる。結果、家が建たない、マンションが建たない、ビルが建たない。

これにより計画していた資金計画に遅れが生じ、運転資金が間に合わない企業が続出した。毎月のように建設会社、不動産会社、またそれらに関連する企業の倒産が伝えられた。

そもそものきっかけは、ひとつの事件。それが結局、当事者だけでなく、業界に関連する多くの企業にまで影響を及ぼした。今回の負の連鎖は、政治の悪さによって引き起こされた、まぎれもない政治不況の卑近な一例といえよう。

しかし、負の連鎖はこの例だけにはとどまらない。どの産業・業界でも、今までの慣習が一蹴されたり、通用しなくなることは往々にしてある。

企業経営の使命が、「存続」である以上、われわれは何があっても耐えられる会社、経営を目指さなければならない。それには、一定量の運転資金を手元に確保する「現金経営」を実現することだ。

そのためにも、無駄な経費は使わない、コストダウンの必要性を念頭に置き、果敢にアタックする〝コストダウン経営〟を目指そう。政治不満を口にしてみたところで、政治は会社を助けてはくれない。誰も助けてはくれないのである。

②世界経済がもたらす影響

07年、アメリカ発サブプライムローン問題は、世界経済にとても大きなショックを与えた。

日本でももちろん、一生の買い物といわれるマイホームは、大半の方が住宅ローンを組んで購入する。ローンを組むには審査が行われるが、その結果、信用度が低いと判断されればローンを組むことができず、マイホームは夢のままで終わる。しかし、サブプライムローンは、従来の審査基準では融資が受けられなかった信用度の低い人向けにも融資を行うものであった。

そのサブプライムローンのスキームを支えていたのは、アメリカにおける「住宅は必ず値上がりする」という住宅神話であった。

ローンの返済が滞っても、値上がりした分、担保余力が拡大し、新たな追加借入を受けたり、転売してローンを返済することが可能だと思われていたのだ。しかし、その神話はもろくも崩れた。

この実質経済の混迷は、金融市場に大きな打撃をもたらすことになる。アメリカの金融危機は当然、全世界に影響を及ぼした。もちろん、日本経済にもである。たとえ、自社の経営が安定していたとしても、取引先がどうかは分からない。余波はどこからやってくるかは分からないのだ。

想定外の出来事が起こる可能性を考慮し、常に危機管理に備えなくては企業経営は成り立たない。やはり、現金を手元に置く経営が必要になるのである。

4．今こそコストダウン実行のチャンス

コストダウンは経費削減・原価低減がベースである。よって、昔ならきることのできた社外打ち合わせの領収書や、得意先に配慮した備品・設備の導入などを、ひとつずつ見直していくことになる。

たしかに、それらは「ムダ」と一言では言いきれないところがある。得意先との関係などは、本業への影響も考えられるからだ。しかし、後の「しがらみ」の項目でもふれるが、いまはそのような情的取引を行える時勢ではない。

コストダウンに関していえば、近年の状況はとても適した時期なのだ。

では、その背景を解説しておこう。

■全世界的大不況という背景

近年、世界的な不況下にあり、例年になく厳しい状況である。株価は下がり、多くの企業が赤字修正をし、リストラの波が社会をのみ込むまでに至った。こうした状況のなかでは、企業として存続し続けていけるかが、社員一同の大きな不安要素となる。

この現状でコストダウンを行うことは、当然の流れである。しかし、無駄な経費の見直しをせず人件費削減だけを声高に叫べば、「ウチの経営陣は社員を切ることしか考えていないのか？」と不信感を募らせるだけだ。

景気の低迷期こそ、コストダウンにおける全体の士気を上げやすく、はるかに成功しやすいのである。今が絶好のチャンスである！

■エコというまたとないお題目

地球温暖化が大きく取り上げられている。97年の京都議定書では目標や取り組み内容が決定され、08年から実行に向けて動きだしている。

日本ではチーム・マイナス６％というプロジェクトをスタートさせ、団体・個人の注目するところとなった。クールビズやウォームビズを導入されている会社も多いのではないだろうか。これは、節約を進めるうえで追い風となる。大きな大義名分ができたのである。

これまでは売上拡大が最優先で、経費削減というと「みみっちい」「関係ない」という声もあったかもしれない。しかし、マスコミでもさんざん取り上げられている「エコ――地球環境のため」というお題目のもとならば、誰も文句は言えないだろう。

この好条件を利用して、いまこそコストダウンに取り組もう！

第2章　明るいコストダウン

1．コストダウンはつらいだけ？

さてコストダウンの必要性を述べてきたが、少々深刻で「つめに火を灯すような」大層なイメージを持たれたかもしれない。

そもそも創業期の経営者でもないかぎり、日常的にコストダウンを考えている方は、極めて少ないだろう。そこには「売上なくしてコストダウンなし」という、売上拡大優先の考えが根底にあるからだと考えられる。それは間違いではない。しかし問題は、経営者自身あるいは社員の大半が〝コストダウンの重要性〟という側面から目を背けているということだ。

現場を担う多くの人たちは、日々の業務の流れや過去を踏襲したやり方に、少なからず改善の余地を感じているものだ。しかし、そんな人たちですら、コストダウンについてはなんとなく後回しにしているのではないだろうか。

■コストダウンのイメージ

ではなぜ、コストダウンは実現されないのか。そこには、コストダウンが持つ暗いイメージが影響していると筆者は考える。

そのイメージとは、

・さらに新たな努力をすることになる
・我慢をしたりストレスがかかる
・品質を落とす可能性がある
・顧客へも迷惑が及ぶ
・取引先との関係も悪くなる
・自分が享受できるメリットが少ない
・新たな機械設備を導入するなどの投資費用がかかる

などである。

長年、コストダウンに携わってきた筆者からすると、これらは極めて不幸なことだ。この暗いイメージのために往々にして、コストダウンという言葉を聞いただけで二の足を踏んでしまうのだ。そして、思考を停止することで現実を回避している。しかし、考えることをやめてしまえば、何も変わらないし、何も生まれない。

日々の業務に常に改善意識を持って臨んでいる方であれば、コストダウンの暗いイメージを払拭するだけでも、必ずや良い結果がもたらされると筆者は断言する。

自社の状況を省みて、「コストダウンは不要である」と結論を出されることは構わない。そのような企業もあるのも事実だ。しかし、何かしらの改善で、会社や職場環境が良くなる可能性があるのであれば、筆者はそれを見つけるお手伝いをしたいと、心の底から願っている。

詳しくは後述するが、「コストダウン」はやり方ひとつなのだ。

そして、規制緩和、業界の自由化、新興企業の参入、激しいシェア争いなどの動きをタイミング良くとらえれば、さらにスピーディにコストダウンすることが可能となる。

そこで本書では、

・さらに新たな努力をすることなく
・我慢や無理をすることなく
・品質を落とすことなく
・顧客へも迷惑が及ぶことなく
・取引先との関係も悪くなることなく
・日々の業務でメリットを感じ
・新たな機械設備などを導入するなどの投資費用をかけることなく

実行できる手法を提唱していく。これこそが、「明るいコストダウン」なのである。

2．明るいコストダウン

ではまず、コストダウンの負のイメージから払拭していこう。コストダウンには、必死で取り組んだものだけが得られる、とても大切な〝気づき〟がある。

○効率化

不要であっても、そのままにされていた物や習慣。古い慣習を踏襲して何も改善されていない現状。ムダな物や不要な作業などを削ぎ落とせば、社内は驚くほどシンプルになる。そして、社内の作業や各種手配が統一されれば、あとは軌道修正はあるものの、そのシンプルな流れに沿えばよい。そして、今まで余計な作業に取られていた時間を、本業へ転嫁できる。

「シンプルであること」は、フットワークの軽さを表しているのだ。

○達成感

人は掲げたゴールをクリアできたときに、達成感に満ち溢れる。さらに数字で明確に表されると、自分たちの頑張りが生み出した効果を実感できる。

成果には大小あるだろうが、それでも、少しずつでもクリアできれば、頑張った甲斐があると思えるのだ。さらに、周囲から「ありがとう」などと言われれば、より大きなゴールを目指したくなるだろう。

○団結力

コストダウンは、おのおのの意識の問題である。意識をもって臨めば、小さな改善でも少しずつ成果を出していくのは可能だ。しかし、会社や職場環境を良くしたいと考えるのであれば、やはり職場、店舗・工場、会社単位で行うことになる。単位が大きくなれば、より多くの人が携わることになるだろう。

業務内容上、あまり接点のない部署の人たちが同じ目的をもって、「自分たちのために」「リスクを負わずに」同じゴールを目指すのである。良いアイデアだけ出しあえばよい。そうすれば、部署や担当を超えたコミュニケーションが盛んになり、より強力な関係性が築けるようになるのだ。

○アイデアを生む発想・思考

コストダウンの考えが個人や会社に根付くと、「創意工夫」が生まれる。基本的に、資金に余裕があると最終的にはお金で解決できると考えてしまいがちだ。しかし、そこには新しいものを生み出す力は育たない。

必要以上にお金をかけられないなら、知恵やアイデア、技術で勝負するしかない。幅広い情報を貪欲に吸収し、知恵を絞り、自分自身に力をつける。するとさらに、新たな世界にたどりつけるのだ。

以前ある新聞に、日プラ株式会社（大阪海遊館、沖縄美ら海水族館など水族館の水槽に使われているアクリルパネルなどのメーカー）の敷山社長のインタビュー記事が掲載されていた。「私は（個人的には必要以上にお金を）持たないようにしている。持つと知恵が生まれなくなる」と述べておられた。

ないからこそ、知恵やアイデアが生まれる。そして、知恵やアイデアこそが、他社やライバルに先駆けるための強力な武器となるのだ。

○見える化

会社を支えているのは社員である。社員一人ひとりには、多くの経験と知識、そして幅広い情報が宿っている。それらは、会社を繁栄させていくための強力な原動力である。

ただし、それらの力は相乗効果をもって発揮されるものだ。誰がどのような強みを持っているのか、何の情報を持っているのか分からない、といった会社では、個々の力に頼りすぎ会社の成長にも限界が見える。

社内の環境をシンプルにすれば、今まで見えずに埋もれていたものが見えてくる。

ざっと挙げたが、コストダウンは良いことずくめなのである。

いままで、付いているのが当たり前だったぜい肉をダイエットで落としてみると、その軽さに驚くだろう。歩くのにも走るのにも、以前ほどパワーを必要とせずほかの動作にパワーをまわせるのだ。

あなたの職場・会社は、どれだけダイエットすることができるだろうか。

3. 成功への必須条件

さて、コストダウンを自部門あるいは全社で運動化させるには、いくつかの重要なポイントがある。それらを踏まえて着実に取り組んで成功へつなげていこう。

○成功体験

絶対に必要なこと、それが成功体験だ。まずは小さくてもよいので、数字的な成果を見せることである。大きなゴールは、小さな成果の積み重ねである。成果が見え始めれば、そこからさらにテーマを広げていくのか、あるいは他部署に広げるのか、全社的にうまく進む流れを考えればよい。

そのためには、取り組みやすいものをひとつだけピックアップし、あとに挙げる具体的な進め方などを使って、実際に動いて成果を出すことである。

○過去は忘れる

さて成果が目に見え始めると、社内では「なぜもっと早くからやらなかった」「今まで何をしていたんだ」という声が上がることがある。ここで大事なことは「過去は問わない」姿勢である。それが見えてしまえば、誰もが萎縮し、モチベーションも低下してしまう。

特に総務、経理、管理部門では「何もかも自分たちのせいにされるのは、たまらない」と反感を買ってしまうだろう。

本格的に取り組むなら、過去は問わない。これを、絶対厳守することだ。

○個人の責任は問わない

人は誰しも失敗するのが当たり前だ。努力したにもかかわらず、結果が伴わなかったからといって、担当に責任をおしつけてはならない。また、前任者の功績と比較してもならない。でなければ、組織としての再発防止にはならないのである。

「なぜ、こんな結果なのだ！」と追求したとしても、その原因は全社的な協力の欠如かもしれないし、経営陣の怠慢かもしれない。

戦法や期間を見直すことはあっても、個人の責任は一切、不問にするべきである。

○成果の一部を社員に還元する

コストダウンの成功は、やはり社員の意識によるところが大きい。「受動的意識」を排除し、「能動的意識」に変えることが重要なのである。

数値で成果を見せるのもよいが、一番分かりやすいのは成果の一部を社員に還元することである。社員にとって身近な問題は、「コストダウンが成功すると、自分たちにどういうメリットがあるのか」という点である。会社が良くなる、業績が良くなるということももちろんあるが、自分たちに還元されるという以上に分かりやすいメリットはない。

ただ、気をつけないといけないのは、キックバックを求めるあまり、本来の業務がおろそかになることである。モチベーションをうまく導くことが大切なのだ。

○安直なコストダウンは避ける

企業にとって最大の経費は何といっても人件費である。たしかに人件費を減らせば、業績に与えるインパクトは大きい。だからといって、安直に人件費削減に直結させるのは間違いである。

「企業は人なり」――社員あってこその会社である。その基礎となる社員の協力を得てコストダウンを始めようというのに、そのようなやり方では社員の協力は得られないし、モチベーションも下がってしまう。

投資や経費の使い方でよく求められるのは、「費用対効果」である。コストダウンができたとしても、その効果が売上や顧客サービスなどにマイナス要因として働くのであれば、それは本末転倒だ。どの経費に目をつけ、どのようなコストダウン方法を取るのかはよくよく吟味しなければならない。

※費用対効果とは「コストパフォーマンス」と同義語で、費用をかけたり（かけようとしている）、投資をしている（しようとしている）物やサービスなどの価額が、量、成果・効果、満足度、機能などの価値に見あっているかを表す。

絶対的な商品やサービスの量や質だけをとらえるのではなく、「価格に比べて」量や質、結果がどうかという判断である。したがって、いわゆる高級品であっても費用対効果が悪いことや、同様に廉価品であっても費用対効果が良いことがある。

4. 最終ゴール

取り組む以上は、しっかりと目に見えた成果を狙いたいと思うだろう。なかには、コストダウンを単に経費削減・原価低減ととらえ、いかに安く抑えられるかを考える方もいるかもしれない。

たしかに出《いず》るを制すのだから、コストダウンとは経費削減・原価低減だ。各種コストの見直しは、もちろん行う。

しかし、コストダウンの目指すところは資金面だけではない。ムダを省くことで社内・店内・部内などの「見える化」を起こす。つまり、コストダウンの最終目的は効率的な経営および業務推進と、一致団結することでのコミュニケーションの活性化なのだ。

ムダについてしまったぜい肉を引き締めて、しまりのある体質作りを目指そう！

第3章　あなたの会社にコストダウンは必要ないか

1．現状認識

さきほど、コストダウンが必要ない会社もあると述べた。現状を認識し、会社のお金を大切に思って、経営陣と社員が一丸となって積極的に取り組んでいる会社も近年多く見られる。

そのような会社に共通して見られるのが、コストダウンに対して貪欲にアンテナをはりめぐらせているという点だ。社員一人ひとりが、常に会社のために改善策を模索するという努力を重ねられている。

では、皆さんの職場環境ではいかがだろうか。本書を手にとってくださった方々は少なくともコストダウンの必要性を感じているのではないか。といっても、経理や総務の方でないかぎり、会社の各種経費を認識できている方は少ないだろう。

では、まずはあなたの会社のおおまかな現状を、考えてみよう。次の各項目は左に当てはまるほど、コストダウンについて真剣に考える必要があるということだ。

さらに、次の簡単な個別経費についても思い出してみてほしい。

	必要性大	――――――――→	必要性小
雇用調整	始まっている	そろそろ	無い
賃金カット	始まっている	そろそろ	無い
経費統制	始まっている	そろそろ	無い
節約について	言われている	そろそろ	言われない
売上高	落ちている	横ばい	伸びている
売掛回収率	落ちている	横ばい	伸びている
原材料費（原価）	増えている	横ばい	減っている
経費	増えている	横ばい	減っている
利益	減っている	横ばい	増えている
損益	赤字	±０	黒字

テナント料：賃料の削減交渉はしているか
郵便：最適な発送方法を選択しているか
コピー機：代理店や条件等を見直しているか
携帯電話：お得なプランやスキームで見直しているか
固定電話：回線数やプランを見直しているか
事務用品：業者の見直しは行っているか

さて、分かるところと分からないところがあったことだろう。現状はそれで当たり前なので、気にしないでいただきたい。大切なのは、「意識を持つ」こと。そして意識を持ち続けていけば、近いうちに誰よりも社内の多くのことに気づくようになるはずだ。

2. 無知は罪

さて、本書をお読みいただくうちに「もっと早くから取り組んでいたら……」と思われるかもしれない。コストダウンができた分はそれだけ、今まで利益を逸失した金額であると言い換えられるからだ。そう考えると悔しい思いをするが、過去は過去。気にしていても仕方がない。

情報が多くの業務にとって大きな武器になるように、コストダウンにとっても最新の情報を得ることは大切である。せっかく本気になって、会社や自分のためにコストダウンを行うのである。コストダウンにおいても「無知は罪」だと意識をして取り組めば、今後は確実に改善される。それも、必ずや目に見える形となって。

3. コストダウンの実績（2008年12月末現在）

ここで参考までに、筆者が過去にご相談を受けた実例と、各コストの平均実績を紹介しておこう。

・テナント料

実例①社用車の車両管理代行業　A社

A社は、社用車1台1台の車検の日程や点検の管理を代行し、24時間体制で車両のトラブル対応も行っているメンテナンス業である。

政令指定都市のオフィス街で、地下鉄駅も近いビルにオフィスを構え、そのテナント料は月額179万円。「移転になれば移転先オフィスの保証金やテナント料以外にもコストがかかる。しかし、長期的な視野でテナント料を下げるためには移転も考えている」とのご相談であった。

過去のデータを調査した結果、オフィス部分、地下駐車場・倉庫も含めて、現状から29％は下げられるという診断結果が出た。その理由は、①建物の築年数がかなり古い、②空きテナントの坪当たり賃料よりかなり高い、③地域の賃料相場は下がっているにもかかわらず、これまで引き下げが一度も行われていない、という点からだ。

そこで、この客観的データをもとにテナント料削減の代理交渉を行ったところ、年間2152万円かかっていた賃料から、29％（623万円）のコストダウンが実現した。

この会社の営業利益率が5％であるとすれば、割り戻して売上換算すると実に1億2460万円の売上を創出したに等しいことになる。これは、総売上の2・5％（40分の1）に相当する。

ここでのポイントは、客観的なデータによる交渉である。A社が解約すれば空室率はさらに上がり、家賃収入が減るという点がオーナーにとって交渉に応じる要因になったのだろう。

・携帯電話料金

実例②経営コンサルティング業　B社

B社では、ライン部門の社員がそれぞれ個人の携帯電話を業務にも使い、毎月経理部に明細書を提出して仕事に使った分を精算していた。サービス業ということもあり、その額は一人当たり2万円以上、総額で月額456万円に達していた。その経費を何とかコストダウンしたいというのが、相談内容だった。加えて、経理担当者が一人ひとりの明細を確認するといった処理についても、改善するべきだと感じられた。

Ｂ社の明細を見るかぎり、社員間の通話も多いことが判明。バラバラな通信会社を当時、ウィルコムＰＨＳに統一すれば、新たに業務用の携帯電話を契約しても、総額で月額約２６０万円まで軽減できると算出できた。年間で２３５２万円の削減である。

この会社の営業利益率は３％であったから、割り戻して売上換算すると実に７億８４００万円の売上を創出したに等しいことになる。総売上の５・２％（約20分の１）に相当する。

実際に、業務用のＰＨＳを会社で契約したことで、予定どおりのコスト削減ができたうえに、社員の皆さんも毎月の明細書の提出や精算といった事務処理から開放され、経理担当者も一括で処理ができるので喜んでいただけた。

さて、導入に際し課題となった新しい電話番号の登録の件。これは、現場の方々に支障がきたさないように、各社員の新しい電話番号とメールアドレスを登録したうえで携帯端末を配布したことで問題は起きなかった。

なお、B社と同じように個人の携帯を使用している企業からの依頼は多い。導入後の声はいたって好評である。ちなみに、よく聞く声は次のとおり。

・公私区分が明確につけられるようになった。
・明細チェックが不要になった。
・遠隔操作で各PHSにロックをかけられるので、携帯端末における個人情報保護法対策が一気に講じられた（企業としてのコンプライアンスが向上した）。
・全社員のメールアドレスが登録されているので、通話よりもメールでの確認が増え効率的に現場作業が進められるようになった。
・メールでの連絡が増え、通話料の削減ができた。

・固定電話料金

実例③法人向け金融業　C社

C社では、既にマイライン（電話会社をあらかじめ登録し、その会社の識別番号をダイヤルしなくても、登録した会社で電話をかけられる電話会社選択サービス）での大口割引の成果が出ていた。

弊社は、C社のコスト見直しの折に、改めてご相談に乗らせていただいた。前月の明細をお預かりして、他社への切り替えを検討し交渉したところ、さらに5%、年間約700万円もの経費削減が可能だと判明した。ここでのポイントは、グループ会社全体を取りまとめての、相見積りによる値引き交渉という点である。

やはり、経費やコストの見直しは大切なのだ。

ちなみに社員の方々は、そんなことはまったくご存じないだろう。なぜなら、電話のかけ方、品質には何ら変わりがないのだから。

・コピー代

実例④グループホーム経営　D社

D社は、全国に老人向けグループホームを展開されている。グループホームという事業内容上、安全面の確保のため、設備や人件費などで多大な投資とコストが必要とされる。一方、サービスの品質は絶対に落とすことが許されない事業である。

そうしたなかでも、経費削減においてプロジェクトを編成され、ありとあらゆるコスト見直しの努力をされていた。弊社にはその一環として、コピー機にかかわるご相談をいただいたのである。

早速、使われていたコピー機のデータ（リース料、リース期間、月間利用枚数、トナー代、カウンター料金など）をお預かりして無料診断を行ったところ、コピー機メーカーを切り替えれば、トナー代、カウンター料金のお得条件などを考慮して、16％もの経費削減の可能性が出てきた。

担当者は、コピー機の見直しは独自で進められていたようだ。しかし、リース料の解約手数料を支払っても、コストダウンができるとまでは考えていなかったようである。

D社の場合はリース残がかなり残っているコピー機が多かったので、リース料とトナー代、カウンター料金の両面において、大幅見直しが可能だったのだ。今回のポイントは、後発メーカーのシェア奪取戦略とその大型代理店の利用である。

・事務用品費

実例⑤E病院

E病院のグループホーム施設長は、経費削減に関してかなりの知識をお持ちで、固定電話料金やコピー代、郵送料などのコストダウンはすでに数多くを実践されていた。しかしながら、多くの事務用品や日用雑貨品（茶葉やインスタントコーヒー等）を使っているにもかかわらず、そこに至っては改善できていないとのお話だった。

早速、診断をさせていただいたところ、業者の見直しを行えば3％のコストダウンが可能だと分かった。利用金額が少ないので大きな削減金額にはならないが、商品や契約までの流れはまったく変わらず、事務手続きは以前よりも簡単になったというメリットもついた。

E病院は、事務用品のカタログ通販を利用されていた。今回新たに取引いただいたのは、弊社提携のサービスだ。経費削減の手を尽くしていると思われていても、まだまだ経費削減を見直せるという、筆者にとっても良い経験になった依頼であった。

・郵便料金

実例⑥戸建住宅建築・販売　F社

F社は、いわゆる地方のビルダーである。同社ではこれまでに、既存のお客様に3カ月に一度、季刊誌を発行していた。その数は年々増え、当時2000通を超えていた。ところが同社は、定形外の普通郵便で発送していたのだ。これでは、これからもお客様が増え続ければ、その分、余計な経費が増していくだけである。

季刊誌発行当初のやり方を踏襲したままの作業。しかし、日本郵政の冊子小包郵便に替えただけで、約320万円から約190万円まで42%のコストダウンが実現できたのだ。

いまでは自社の冊子小包専用封筒を作られ、施主の方々に季刊誌を送付されている。このことをきっかけに担当者の意識が変わり、印刷代や人件費のコストダウンも進められたようだ。

季刊誌のサイズをA4からB5に変更されたり、封筒詰め、のり付け、宛名ラベル貼りなどの作業も外注を導入されるなど、手間とコスト見直しが進んでいる。

・コピー用紙代

実例⑦フィットネスクラブ経営　G社

G社は、全国でフィットネスクラブを展開している。

G社ではこれまで別のルートでコピー用紙を調達していた。そこで、弊社が推奨するスマートオフィス（プラス株式会社が親会社でアスクルとは別の事務用品通販5%引きのスキーム）に切り替えていただいた。

これにより、コピー用紙は同等品でも約3%のコストダウンが実現した。

もちろん、コストの種類によって金額の大きいものと小さいものがある。

しかし、小さな数字でもこれからも継続してかかっていくと考えた場合は、チリも積もれば……である。さらに多くの企業で、コストダウンを実践してから、社員の方々の意識も変わり、前向きに協力をしてくれるようになった。これは素晴らしいことである。

筆者が携わったときにだけ、改善されるようでは意味がない。会社として運営し続けるためには、出《いず》るを制し続けなければならないからだ。それには、そこに働く人々の意識・協力が不可欠なのである。

■コストダウン実績

テナント料平均ダウン実績　10. 6％
取扱総額　年間　約26億円
削減実績　年間　約２億8000万円

携帯料金平均ダウン実績　42. 7％
取扱総額　年間　7422万円(644台分)
削減実績　年間　3173万円(644台分)

固定電話平均ダウン実績　25. 9％
取扱総額　年間　9012万円
削減実績　年間　2336万円

コピー代平均ダウン実績　24. 6％
取扱総額　年間　1565万円
削減実績　年間　385万円

事務用品平均ダウン実績　8．0％
取扱総額　年間　1896万円
削減実績　年間　152万円

郵便料金平均ダウン実績　66. 7％
取扱総額　年間　54万円
削減実績　年間　36万円

第4章　コストダウンを実現するために

1．ベースになる考え方

では、ここで改めてコストダウンに役立つお金についての考え方をいくつか挙げておこう。お金に対する根源的な考え方を固めておけば、コストダウンの方向性を間違うことがないはずだ。

○足るを知る

人間は、上を見ればきりがない。企業経営も個人生活においても同じである。「お金は塩水のようなもので、飲むとまた欲しくなる」と言った人がいる。まさしく、そのとおりである。

○1円を笑うものは、1円に泣く

お金の最小単位は1円である。すなわち、1円を大切にできれば、いままで以上に些細な物事でも大切にできるようになるだろう。そして、ものを大切にできるようになった人は、いままで以上に人を大切にできるようになるのである。

○ものを大切にする

会社の備品がなくなったり、設備が壊れてしまうことはとても痛いことである。痛いというのは、必要だということである。

しかし、会社の備品や設備は支給されたものであり、壊れても自分の腹が痛まないので粗雑に扱う人が多い。会社設備のリニューアルも、自分の利益を脅かすひとつになると考えれば、大切に扱うようになるだろう。

○使い切る！

まだかなり残っているのに、無くなると困るといって多めに発注することがある。しかし、本当に急にひとつも無くなるという事態などあるだろうか。他部署ではもてあましていたり、使われずに処分されていることもあるのではないか。設備や備品はあるだけでランニングコストがかかる。所有するだけで場所をとり、その面積分のコストがかかっているのである。簡潔なのは、必要以上に持たないこと。

極論すれば、納品に何日くらいかかるかという問題はあるが、基本は無くなってから発注することである。本気でコスト削減に臨むということは、そうしたコツコツした積み重ねが大きいのだ。

○必要なものを必要なときに、必要なだけ

まだ残っているのに買ってしまったり、業務用が安いからと買ってしまう。そのことが、どんどん使い切らない山を築いて行く。そうならないために、「必要なものを必要なときに、必要な分だけ買う」姿勢が大切だ。

2．コストダウンの敵

さて、実際にコストダウンを目指していくと、理想どおりには進まず悩んでしまうことがある。初めて挑戦するときなどは、なおさらだろう。何事においてもきれいに作業が進み、うまく結果に導かれることなど少ない。

ここでは、皆さんがぶつかりやすい障害を挙げておこう。

■しがらみ

コストダウンを実践する場合に最大の障害になるものは、「しがらみ」である。会社として多くの人間関係が生じている以上、これからは逃れられない。

具体的に例示すれば、

・テナントオーナーは社長の知人である……
・コピー機メーカーには、自社設立時から良くしてもらっている……
・広告やＤＭの発注先は、大口顧客である

など、要は「付き合いがあるから」といった情的関係だ。

コストダウンだけにかぎったことではないが、このような「しがらみ」に縛られて、ずるずると現状を打開せずに負の遺産を持ち続けていることが多く見られる。

たしかに、しがらみは裏を返せば、これまでの長い付き合いの証、取引の証、会社存続・発展の証と言えなくもない。

しかし、インターネットの普及により、時間も空間すら一瞬に越えられるようになったいま、「古い付き合い」というだけでビジネスをわたっていけないのは、先方も百も承知だろう。

その交渉にはやはり、具体的な数字が大きな力を発揮する。ラクに事業展開をしているところなどない。現状と目指すゴールを先方に伝え、歩み寄りを見せてもらおう。しかしだからといって「こちらは顧客なんだ！」という攻撃的姿勢は見せないように……。

■制約条件思考

コストダウンの取り組みの敵として、もうひとつ「制約条件思考」がある。

・時間がない……
・協力してくれる仲間がいない……
・責任をすべて負わされたくない……

・上長から承認がおりるわけがない……
・経費削減より売上拡大に注力しなければならない……

無理だ、止めようといった理由を挙げだせばキリがない。これでは考える前に終わってしまう。まずは動いてみることだ。会社が存続することが使命ならば、その使命に大きな追い風となるこの運動に賛同してくれる仲間はいるはずだ。何が起こるか分からないいまの時代、会社が傾いて転職を余儀なくされるより、いまの職場を存続させる努力のほうがはるかにラクなのだから。

何かを始めるときは、ポジティブシンキングで行こう。あなたが率先して行動し、少しずつでも結果を出せば、反対していた人たちもきっと変わってくれるはずだ。

3．コストダウン失敗例

さて、参考として、ここで失敗例についてもお伝えしておこう。

読者の皆さんが、せっかくコストダウンに前向きになってくださったのだ。筆者が過去に経験した失敗をもとに、皆さんが同じ轍《てつ》を踏まないないように、参考にしていただければと思う。

■実際の失敗例

ガソリンスタンドを何店舗も経営されている、とある地方の会社。同社のコストダウン意識は強く、打ち合わせでお昼の1時に本社を訪問したところ、節電のためにオフィスの電灯が消されていた。さらに、目のつく所には「節電」「時は金なり」といった貼り紙があり、節約モードで満ち溢れていた。

「これだけ経営陣がコストダウンの認識を持っているならば、経営も堅実にされているのだろう」と、私は当時とても感心したものだった。そこで、ふたつ返事でテナント料のコストダウンについて、社長と契約を交わせていただいた。

作業を進め、1カ月がたったあたりで、その社長からクレームの電話が入った。

「地主から、『直接言ってくれればよいのに、代わりを使うとは水臭い』と文句の電話があった」というのだ。その会社が運営しているガソリンスタンドは、社長の知り合いの地主から借りている土地ばかりだったのだ。しかし契約は、社長からのご相談で、代表取締役印もいただいたうえでのことだったのだが……。

結果、依頼はキャンセルになってしまった。いまから思えば、事前にもっとしっかりと社長とコンタクトを取り、各地主様へ事前説明をお願いをしておくべきだったのだ。

ほかにも、初期のころは、結果としてうまく進めることができなかったことがあった。例えば、次のようなことだ。

・現場主動で固定電話のコストダウンのために他社に切り替えたところ、既存の業者から社長に直接連絡が入り、元に戻すことを余儀なくされた。

・テナント料のコストダウンを勧めたところ、オーナーが社長の知り合いで社長にクレームの電話が入ってしまった。

・携帯電話を他社のものに変えたところ、通話できないエリアがあり再度、見直しを行うことになった。
・宅配料金のコストダウンについて全社告知をしたのだが、総務部の担当者から、直接話を聞いていないと事前相談に対する不満が上がった。

やはり、数字的な結果の失敗よりも、コミュニケーションレベルでのクレームが多い。最初のころのこれらの教訓は、いま思えば恥ずかしくも懐かしい体験だ。だが、これらの失敗があるからこそ、アイデアだけでなく、実行段階でのポイントや流れが分かるようになったといえるだろう。

皆さんのこれからの実行に、少しでもこの失敗が生かされれば嬉しく思う。

4．はじめの一歩

では、コストダウンの準備運動として、まずは自分の周りでできる小さなことからチャレンジしてみよう。経費削減は、何も経営陣だけが考える大規模なことばかりではない。自分の業務や部署で行うことも立派な努力である。そして、小さなチャレンジでもクリアすることで、「思ったより簡単だな」「みんなも喜んでくれてるな」と実感できるのだ。

ではここで、実際に皆さんが自分の職場に置き換えて考えられるように、簡単なケースを紹介しよう。

・個人でできるコストダウン①

例えば、あなたは営業部の所属で、そのフロアには大所帯の営業部のほかに経理部のスタッフが数人いるとする。営業部のスタッフは外出が多く、午後はほとんどいない。それなのに、フロアの空調設備は４機とも常に電源が入っている……。

個人レベルでできる改善として、最後に外出する人が営業部の空調機だけ切ることを習慣にすると――。

そんな細かいことを、と思うかもしれない。しかし、電力使用量を年間で見た場合、日中の5時間は電源を切ったとすると、1日当たり254円（12・7円／時間×5時間×4機 ※機種、古さ、電力会社によって差はある）のコストダウンになる。1カ月で5588円（254円×22日）、で夏・冬期で6カ月実施すれば3万3528円（5588円×6カ月）を削減できたことになるのだ。

・個人でできるコストダウン②

さらにもう一例。

営業部では、毎年日ごろお世話になっている方々や顧客への年賀状と暑中見舞いを送っている。裏面は全社で統一、宛名印字は顧客管理情報から一括して処理されるため、特に何も作業をしないまま送られている。

しかし、毎年多くのハガキが差し戻される。「あて所に尋ねあたりません」と戻されるハガキの数は自分ひとりだけでも20枚。営業部5人いればそれだけで100枚になる。

たかがハガキというが、その山の数がなくなればハガキのコスト以外に宛名印字のコストも減らすことができたかもしれない。そもそも、顧客のデータベースを更新すれば、システムへの負担も軽減できるかもしれないのだ。

このように、小さいことでも考えてみれば、いろいろと思い当たることはあるのではないだろうか。まずは意識を持つことが大切だ。

夏場のエアコンの温度設定を1度上げるだけで電気代は10％下がるな、書類保管用のキャビネットは幅90センチ×奥行45センチだから、坪単価5000円のテナント料だと613・7円が毎月かかっているんだな……など、いままで当たり前だった社内風景を数字の意識とともに眺めてみるとよいだろう。

無理なく取り組めることが前提の「明るいコストダウン」。

まずは、あなたが日々のちょっとしたことから始められるコストダウンについて考えてみてほしい。

身近なコストダウン

●あなたの掲げた目標・理想環境は？

↓

●今の現状は？

↓

●誰に協力を求めるか？

↓

●そのためには、自分ができることは？

第5章　コストダウンの手法

1. 項目別コストダウン術

では、各項目のコストダウンについて解説しよう。どれも会社や店舗運営において生じてくる基本的な項目だ。皆さんの現状と比較しながら読み進めてほしい。

・テナント料のコストダウン

金額の大きいテナントの価値について、まずは考えてみよう。

テナント料は、削減できる可能性が十二分にある項目だ。テナント価値は、土地、建物、立地（利便性）、周辺環境、階層、同居テナントの質などによって決定される。90年代のバブル崩壊以降、日本全国の土地はごく一部を除いて下落の一途をたどっている。さらに、建物自体も日々老朽化しているのである。この2点だけとらえてみても、テナント料は下がらないとおかしい。

さらに、テナントを取り巻く環境（街並みや交通網）が変化することは往々にしてある。隣りの地域にランドマークが建った、新しく地下鉄の駅ができたなどで空きテナントが増えたり、ほかの地域に比べて閑散化していることもある。

読者の皆さんが毎日通う勤務先だけではなく、会社が契約している他のエリア（支店や工場など）でそのように条件が悪くなっているテナントがあるのではないだろうか。条件が悪化していれば、それも賃料を下げられる要素になるのだ。

しかし、いくらが適正賃料なのかは算出しづらい項目でもある。また、移転するにしても、どこが最適なエリアなのかも決定しづらいかもしれない。オーナーとの交渉には、適正賃料を提示するくらいでなければ話はまとまらない。金額が大きいだけに労力も要するのだ。

そもそも、いままでの契約更新時には、ほかの空きテナントの賃料がいまのテナント料より安ければ引き合いに出す／業績が厳しいことを理由に、情に訴える／移転を前提に、テナント料の値下げを交渉する、といった情緒的アプローチ方法で行っているのではないだろうか。しかし、それでは貸主側に依存しすぎだ。

世の中には地価、建物評価、周辺賃料、周辺環境やテナント環境の変化等について、データをもとに数値的に適正賃料を算出し交渉までしてくれる専門会社がある。仮に現在の賃料が安ければ適正と判断できるし、高ければ代わりに交渉してもらえばよい。

たしかに依頼料を考えると、「新たにコストがかかる」と考えてしまうかもしれない。しかし、テナント料は一番大きなコストである。筆者のテナント料の見直し実績でも、平均10％が削減できている。しかも、この取り組みに必要なコストは成功報酬制で35％程度だから、取り組まない手はないといえるだろう。

特に飲食店などは、材料費や人件費で1～2％引下げるのに懸命になる。それがテナント料自体を下げることができれば、損益分岐点ラインを下げることができるのだ。収益性の向上が臨めれば、赤字点を黒字店にすることも可能になる。

なお、我社は自社物件だからテナント料のコストダウンは望めない、という会社もあるだろう。だからといって、土地建物に関してコストダウンができないかというとそうではないので、諦めないでほしい。

その場合は、固定資産税の軽減ができる可能性がある。

固定資産税はもともと、役所の測量に基づいた算出面積が根本にある。この測量値に誤差があることがあるのだ。特に不整形地であれば土地の評価が下がる。建物も同様である。費用はかかるが再測量し、その結果、面積が少なければ自ずと固定資産税は軽減できるのである。

しかも、そのことについて最長で過去５年間にさかのぼって返金される。取り組んでみないと何ともいえないが、この固定資産税の軽減も額が額だけにやってみる価値はあるといえるだろう。

・携帯電話料金のコストダウン

携帯電話料金のコストダウンには、以下の３つのアプローチがある。

①携帯電話番号が変わることも厭わないパターン
②他社携帯への移行を厭わないパターン
③現在の携帯会社のままでプランの最適化を図るパターン

削減効果は挙げた順に高く、電話番号が変わっても問題ないのであれば、50％のコストダウンも夢ではない（いまお使いの携帯がソフトバンクモバイル、ウィルコムPHSではないことが前提）。また、たとえ現在の携帯会社のままでプランの最適化を図った場合でも30％のコストダウンが実現できる可能性がある。実際、私はパターン①で最大55％、パターン③で40％のコストダウンを実現した経験がある。

さてパターン①は、通信会社（ドコモかａｕ）を、ソフトバンクモバイルかウィルコムPHSに変えてしまうのである。

ソフトバンクならば、「携帯電話番号ポータビリティ（MNP）ができるのでは」と思われるかもしれない。しかし今回は、大型代理店が抱えている在庫品（既に携帯電話番号が付いている）を特別価格で販売している分で新規契約するのである。

当然、これまでの電話番号は使えない。また在庫品であるため、機種やカラーなどは最新式とはいえない。また、番号を含めこれまで使っていた携帯の情報が持ち出せない、解約手数料がかかる、といったデメリットもある。

しかし、10人の部署で電話料金が月額10万円（ひとり当たり1万円）だった場合、約5万円のコストダウンが考えられるのである。一時のデメリットだけ見るのではなく、長期的視点でどちらが合理的かを考えるべきである。

では次に、ウィルコムPHSに変更する場合はどうか。特に社員間の通話や、メールでのやり取りが多い会社には有効である。

ウィルコム定額プラン（09年1月現在）を選べば、24時間月額2900円（税込・2台目からは2200円）でPHS同士の通話は無料、またEメールの受発信は他社間でも無料だ。

さらに法人向けに、21時～25時を除いた時間帯のPHS同士の通話が無料になるウィルコムの「ビジネスタイム定額トリプルプラン」なら、月額1900円で済む。しかも通話料そのものも他社携帯宛てで13・125円／30秒（税込）、固定電話宛てで10・5円／30秒（税込）と他社プランの平均に比べて安い。

外部との連絡をEメール中心にシフトしていけば、かなりのコストダウンが図れる。ただし、PHSへの変更はMNPが使えない。また、新幹線乗車時、高速移動時など、時速100キロを超える場合は通話できないなどのデメリットもある。

次にパターン②の「他社携帯に切り替える」である。06年10月から携帯電話番号ポータビリティ（MNP）制度がスタートし、いまの端末の携帯番号のままで他社携帯へシフトできるようになった。そんな中、07年1月、ソフトバンクは「ホワイトプラン」を打ち出し、通話携帯が同じソフトバンクモバイルであれば、21時〜25時の時間帯を除き通話・メールともに無料になった。この安さと終始一貫した分かりやすさから、ソフトバンクモバイルは07年4月以降、毎月純増数トップを続けた（09年2月現在）。

ソフトバンクは、ドコモやauがお得なプランを打ち出すと24時間以内に条件を合わせた対抗プランを打ち出す。そのような姿勢から、現状ではソフトバンクに転入することが最もコストダウン効果が高いのが現状だ。

ソフトバンクの次は、余った無料通話分が無期限繰り越しできるという意味でauに軍配が上がる。シェアナンバー1のドコモは多少分が悪い（09年2月現在）。

シェアは死守したいが、売上減、収入減になるような割引サービスは控えたいドコモ。一方、何としてでもシェアを増やしたいソフトバンク。そうした両者のスタンスは、シェアが大きく変わらないかぎり今後も続くだろう。

最後にパターン③について。今の携帯会社のままでプランの最適化を図るのだ。根本的には今の利用状況とプランが合致しているかがポイント。

・不必要なオプションがついていないか？
・料金プランが利用状況とあっているか（無料通話分が余りすぎていないか、逆に設定が低すぎて毎月超過していないか）
・メールを多用しているのに、メールオプションをつけていないということはないか
・メールオプションがメール利用状況とあっているか

できれば、端末ごとに過去1年分の請求書をチェックし、利用状況を整理したい。そうすれば端末ごとの傾向が読み取れるからだ。

ドコモとauでは、1年目からでもいきなり基本料金が50％引きになるサービスが始まっている（手続きが必要。2年間の継続利用が前提）。契約時の条件のまま

見直されていないことも多いので、サービスを見直すだけでも大きく変わってくることがあるのだ。

なお、無料通話分を超過することが多いなら、少々余ってでも1ランク上の料金プランにするほうが、かえって安くなる場合がある。ほかには同一法人名義の社員間通話無料オプションもある。あとはメールやネットだが、現状の利用パケットに見合った最新の最適プランを選べばよい。

いずれにしても、携帯事業者が自社の売上減につながる最適プランを時間をかけて調べて、提案してくれることはないので自分たちで確認するべきである。

最後に、社員間通話無料オプションを使って拠点間通話を無料にすることができる。支店や営業所などをもつ場合、関連拠点間の固定電話でのやり取りがあるはずだ。固定電話料金のコストダウンについては次に記すが、携帯電話もプラスすることで拠点間通話の無料化を図れる。携帯電話を拠点間通話に利用すれば、離席や外出時の対応も可能になり利便性が上がる。

・固定電話料金のコストダウン

まず、第一に考えなければならないのは、現在利用している回線がすべて必要なのかということである。解約しても問題なさそうだが……ということであれば、解約前にいったん休止してみるのもよい。その後、問題ないと確定できれば解約すべきだ。

電話加入権は将来、廃止される可能性がある。売りたくても値が付かない時期がいずれ訪れるだろう。しかも、不要な回線があるだけで基本料金がかかってしまうのだ。すべてのコストにいえることだが、必要・不要を考えることがコストダウンのスタートなのである。

さて、固定電話料金は、基本料金と通話料金に分けられる。直収型固定電話サービス（ＮＴＴ東日本または西日本以外の会社が提供する固定電話）の場合は、09年２月現在では、ソフトバンクテレコムの「おとくライン」に切り替えることである。基本料金が１回線当たり毎月１５０円程度安くなることに加え、通話料金も相手が固定電話なら全国どこへでも「おとくライン」で７・９円／３分（税別）でかけられる。ＫＤＤＩの直収型固定電話サービス「メタルプラス」なら市内、県内市外で8円／3分（税別）、県外へは15円／3分（税別）でかけられる。また、ソフトバンクテレコムならソフトバンクモバイル宛て、ＫＤＤＩならａｕ宛ての通話料金が安くなる。

過疎地では開通できない場合もあり、回線状況によっては、すべての回線を切り替えられない場合もある。いずれにしても依頼すれば現地調査をしてくれるので、どの回線が切り替えられるか調べてみるとよい。

直収型固定電話サービスに切り替えられない回線は、通話量が多ければマイライン（電話会社選択サービス）を他社に切り替えることで、特別大口割引を引き出すこともできる。マイラインを未導入の場合ならば、まずは加入することだ。

マイラインは、ＮＴＴコミュニケーションでは「プラチナ・ライン」、ＫＤＤＩは「まる得ライトプラス」と呼ばれるものだ（ソフトバンクテレコムには特定の呼び名はない）。それらに切り替えることで、県内へは8円／3分（税別）、県外へは15円／3分（税別）、携帯へは16円／1分（税別）でかけられる（09年2月現在）。

固定電話料金で注意が必要なのが、何分、何秒でいくらかということである。上記のように3分でいくらという場合は、1秒だけ話してもそれだけの金額がかかるということである。そのことは携帯電話でも同じだ。

例えば、業種・業態がテレアポ電話をかける比率が多いならば、1分も話せる方が珍しい。アフターサービスの会社であれば3分以上かかる通話がほとんどのはずである。前者の場合、単位分数の少ない安いプランを選択すればよいし、後者なら単位分数が多くても安いプランを選択すればよいだろう。

さらに先にも触れたが、店舗や拠点に携帯を置き、それでやり取りすることで通話料を無料化することもできる。このことも忘れないでほしい。

・コピー代のコストダウン

ここでいうコピー代は、リース料金、カウンター料金、トナー代を含む。コピー業界の収益構造は、コピー機本体とカウンター料金が主になる。継続的に収入が上がるという意味では、カウンター料金で上げる構造だ。

現在、使っているコピー機を、後発メーカーも含めて相見積もりを取るとよい。各メーカーにより、コピー機本体の機能や使用方法などに特徴がある。特にコピー、プリンターを大量に使われている企業においては、外部向け資料をカラーで出すたびに、1枚あたり5～10円の差が生じる。枚数が増える分、ばかにならないコストである。

また05年の個人情報保護法の施行で、情報の消去等も必要な機能になった。コストダウンによる切り替え時に、最新式のものに変えることも可能だろう。特に後発メーカーの販売代理店は何としてもシェアを取りたいので、コストダウンできる提案を出してくれる可能性が高い。一度、代理店を洗い出し、投げかけてみるとよい。

なお、コピー機自体が必要かどうかも一考に値する。オフィスには必要な物という印象だが、部署や業務内容によっては多用しないところもあるのではないか。書類などの印刷はプリンターで出せるし、コピーをとって保管するということであれば、スキャンをしてデータで保管するのもありだ。データでの保管なら印刷代や紙代に加え、収納スペースもぐっと抑えられる。

・事務用品費のコストダウン

事務用品費は、今まで述べてきたものに比べて、一つひとつの金額は安い。とはいえロットになると、ばかにならない金額になる。これらの購入は多くの企業がカタログ通販を利用しているのではないだろうか。

最初、業者そのものを決める際には価格を比較して決めるが、一度その業者で定着してしまうと、その後はメンテナンスされていない会社が多い。業界も大きく変化している。特に通販大手の代理店は激しい競争を行っている。体力のある代理店は、値引きしてでもシェアを取りに来る。それを上手く利用してコストダウンを図るのだ。この場合、利用金額が多いほど割引率は高い。事務コストも、より軽減されるか、もしくは同程度だろう。

たとえそれが数%のコストダウンでも、年間で見ると積もり積もって大きな成果になったり、ポイントがついて割引率も変わったりするのだ。

・郵便料金のコストダウン

07年10月に、日本郵政公社が民営化された。それに伴って、ヤマト運輸や佐川急便に代表される民間の宅配企業も、サービス・料金の充実を図っている。

ヤマト運輸のクロネコメール便は、重量1kg以内であればA4サイズ（角2封筒）で厚さ1cm以内なら送料は80円。つまりDMなどは格段に安く送ることができるようになった（信書など、中身によっては送れないものもある）。

佐川急便、日本通運にもメール便はあるが09年2月現在、最低料金は160円だ。ただし、こちらもロットが出れば、かなり交渉の余地はある。実際、筆者が利用しているあるサービスは、以前はヤマト運輸のメール便だったが、佐川急便のメール便に変わった。それは、価格交渉が成立したからだろう。

また、書籍、雑誌、カタログ、DM、CD、DVDなどが送れる冊子小包によるロット割引をしてくれる業者もある。佐川急便では佐川ゆうメールだ。この冊子小包もロットが多ければ多いほど、さらに割引をしてもらえる可能性がある。

しかし、今回ぜひとも知っておいていただきたいのは、日本郵政の各種サービスだ。民間のサービスが熾烈なだけに、見過ごしがちなのだが、認知度が低いだけで、お得なメニューがいくつもあるのだ。エクスパック500（全国どこでも500円で、一部地域を除き翌日配達の定型小包郵便）をはじめ、各種サービスを利用されている方も多いだろう。

①広告郵便物（対象：ハガキ、定形・定形外郵便物）

ＤＭや新商品・新サービスの案内や販促企画の案内に使える（請求書・納品書などの経理書類、企画ＰＲ誌などは不可）。割引率は差出通数が多ければ多いほど大きくなる。2000通で15％引き、1万通で24％引き、最大で40％引きまである。

広告郵便のため、同一サイズ・形状・重量で、同時に2000通以上を同一差出人から郵送する場合に限定される。

②区分郵便物（対象：ハガキ、定形・定形外郵便物）

区分郵便物は、広告郵便物では対象として認められなかった内容が対象になる。

つまり、請求書や納品書の発送に使えるのである。さらに、商品のPRを主としない広報誌、各種会合の案内にも使える。

割引率は差出通数が多いほど大きくなるが、2000通で5%引き、1万通で7%引き、最大で21%引きまでである。

同一サイズ・形状・重量で、同時に2000通以上を同一差出人から郵送する場合、さらに事前に郵便区番号ごとに区分されたものを対象とする。

③バーコード付郵便物（対象：ハガキ、定形郵便物）

同一サイズ・形状・重量で、同時に1000通以上を同一差出人から郵送する場合で、さらに所定のバーコードを印字する必要がある。割引率は一律5%引きである。なお、定形外郵便物は対象外である。

こちらは、「広告郵便物」と「区分郵便物」にも適用することができる。

そのことで合わせ技のように、より大きな値引きを受けることができる。

④郵便区内特別郵便物（対象：定形・定形外郵便物）

引受けおよび配達が同一地域（郵便区）の場合に使用できるサービスである。重量により割引率に若干の差はあるが、おおむね20％近い割引になる。所定のバーコードをつければ、さらに割引を受けられる。

同一サイズ・形状・重量で、同時に100通以上を同一差出人から郵送する場合に限定される（ハガキは含まれない）。

⑤配達余裕承諾

3日あるいは7日程度の送達余裕を承諾申請すれば、追加で割引を受けることができる。

以上のようなメニューがある。ご存じなかったものも、あったのではないだろうか。

加えて、信書規制により日本郵政の独占事業化している分野の規制撤廃も将来、起こり得る可能性がある。「信書」とは、「特定の受取人に対し、差出人の意思を表示し、または事実を通知する文書」と郵便法及び信書便法に定義されている。

例えば、請求書、納品書、領収書、見積書、申込書、契約書が上げられる。その逆の非信書は、不特定多数向けのチラシ、パンフレットなどのＤＭである。

規制撤廃され自由化されれば、これもコストダウンのチャンスといえるだろう。

さらにこれもあまり知られていないが、実は電報事業も自由化されており、既に10社が参入している。大手ではＫＤＤＩが「でんぽっぽ」を展開している。

参入組は認知度向上、シェア拡大のためにＮＴＴより安くサービス提供している。現在はネット上だけの受け付けだが、将来は電報ダイヤル「115番」を開放し、ユーザーがＮＴＴ以外の事業者を電話で選択できるような動きもある。実現すればより一層、コストダウンを進められる可能性がある。

・生命保険のコストダウン

日本には数多くの生命保険会社が存在する。それらはもちろん、特長や強み、価

■解約返戻率例（46歳男性「積み立て型ガン保険」契約）

	A社	B社	C社
1年目	**73.6%**	59.9%	62.5%
3年目	80.8%	**83.5%**	77.2%
5年目	83.2%	**84.1%**	80.7%
10年目	**86.9%**	85.3%	83.8%

格において差がある。さらに、代理店制度を採っている会社と、直販制の会社とでは経営体制も異なる。保険種類の契約比率、それに伴うリスク額、運用スタイルが保険会社、商品によって異なり、保険料も変わってくる。

日本では販売員から勧められるまま、知人から紹介されるまま、特約などの内容を把握せずに加入しているケースが多い。ここでいま一度、加入している保険が本当に妥当なものか再考してみよう。

節税のために、今ある全損の生保商品であるガン保険に加入されている方もあるだろう。しかし、ガンの発見技術や治療技術は日進月歩、進んでいる。ならば、いま、各生保会社で設計されているガン保険のように手術給付金、治療給付金、入院給付金に相当する金額が本当に必要なのかということも考えなければならない。

加えて積み立て型で解約返戻金《へんれいきん》のある商品でも、その返戻率については前頁の表のように大きな差がある。

最近では、数ある保険会社の保険商品から最適な商品を勧めてくれる会社がある。彼らにとって、法人単位は額が大きいだけに積極的に相談に乗ってくれるだろう。数社から話を聞いて、より多くの保険会社の代理店になっている、分かりやすく対応してくれる、といったところで最適な保険契約を選ぶことだ。

余談になるが、保険料をクレジット払いできる保険会社がある。うまくクレジット払いすれば、額が大きいだけに貯まるポイントも期待できるだろう。

・損害保険のコストダウン

基本的な考え方は生命保険と同じだ。日本では損害保険会社も多い。例えば自動車損害保険の場合、外資の直販系のほうが、同じ内容でも保険料が安い傾向にある。

車両保険の見積り額によって保険料は大きく違ってくる。かといって、フォロー体制にも差があるので、一概に保険料だけでは決められないところだ。

当たり前だが、事故率を低く抑えることで保険料が割り引かれる。ここが、最も大事なことだ。損害保険は1度使うと3等級下がる。一方、上げるのには1年間無事故であっても、1等級しか上がらないのだ。保険料も等級が低いほど、割高になってしまう。また、普通運転免許も、ブルーよりもゴールドのほうが保険料が安くなる商品がある。

損害保険にも相談会社があるので、相談してみるとよい。

また、損害保険料もクレジット払いができるようになっていることも、付け加えておこう。


【豆知識・豆情報】

「困ったときの生・損保　契約者貸付！」といわれるのを、ご存じない方が多いのではないか。積み立て型の生・損保では、その保険契約者は、現契約を継続したままで、解約返戻金の80～90％の範囲内の貸付を受けることができる。

手続きが完了すると、数営業日後には指定の口座に入金される。保険料控除も通常どおり適用でき、配当金も受け取れるのである。

金利や条件、手続きなどは保険会社によって異なるので、詳細は現在契約されている保険会社に問い合わせてみるとよい。

・電気料金のコストダウン

07年は、原油高でさまざまなコストが割高になった。電気料金自体は気にしても、意外とその料金システムについては理解されていない。

まず、電気料金は「基本料金＋電力量料金」で構成される。基本料金は、契約電力×料金単価等、契約電力は当月を含む過去1年間の各月の最大需要電力のうちで最も大きい値となる。多くの場合、エアコンを使用する8月が最大需要値に該当し、それが契約電力になっている企業が多い。

次に電力量料金であるが、これは料金単価（税込）×使用電力量±燃料費調整額という計算になる。このなかの「燃料費調整額」は原料の高騰に伴い、各電力事業者が独自に計算し上乗せする金額である。またこれ以外に、電力事業社の経営努力で間に合わないコストアップ分はさらに上乗せされることもある。09年1～3月については、ほとんどの電力会社でそのことによる値上げが実施された。

その他、意外と知られていないのが、電力小売の新規参入事業者の存在である。電力事業者というと、各エリアに1社ある大手電力事業者というイメージが強い。関東なら東京電力、中部なら中部電力、関西なら関西電力という具合である。しかし、実はそのほかにも電力供給している会社がある。それが新規参入組の「特定規模電気事業者（ＰＰＳ）」と呼ばれている会社である。２００９年1月現在、日本には21社程度ある。

05年の電気事業法の再改正で、契約電力50キロワット以上の需要家に対して、小売ができるようになったのだ。すなわち契約電力50キロワット以上使っているのであれば、ＰＰＳを利用できるだろう。

このように、電力の自由化は少しだけ進んだ。こうした自由化により電気料金は、使用状況によりさまざまな料金プランができた。しかし、その結果、さらに複雑になり、その数は各地域の電力会社によっても違うが、およそ50種類以上もある。

しかし、自社の利用状況からどれが適正かを見極めるのは至難の技である。どれが現状に合った契約かを見分けるには、専門家に依頼するのが結果的に一番早いかもしれない。うまくすれば半分の確率で、電気料金をいまよりも3～30%程、安くすることが可能になるだろう。

・水道料金のコストダウン

水道料金には、「上水道料金」と「下水道料金」の2種類があり、実は下水道料金は上水道の使用量と同量とみなして、それぞれの単価をかけて請求されている。デパート、ホテルなど大型の建物となると、蒸気ボイラーや冷却塔の「蒸発水」は年間相当な量に達し、また工場などでの「製品含有水」、「製造、加工での消失水」なども下水道には流れない。実はこのように下水道には流れていないものも上水道と同量とみなし、請求されているのが現状である。

この現状に対して、「下水道料金減免制度」というものがある。これは、「排出されない水」を正確に計量し、地方自治体の認定が得られると、下水道料金から減免の特別措置を受けることができる制度だ。

もしあなたの会社が使用する上水道量に比べて、下水道量がかなり少ないと思われれば、下水道量をきちんと測定・申請して認められれば、水道料金の大幅なコストダウンにつながるだろう。

ただ、申請には1年間のデータが必要になるので、実効性が上がるのは1年後になる。また、測定のためには、必要な箇所にメーターもつけなくてはならないので、費用が発生してしまう。

さて実際の進め方だが、所轄の水道局に相談するのが一番よい。必要とされる箇所にメーターをつけずに1年かけてデータを取っても、申請が認められないと徒労に終わるからである。

水道局に配管図面などを持参して相談に乗ってもらうと、どこにどんなメーターが必要かをアドバイスしてくれる。そこからはじめて、メーター設置に立ち会ってもらい、まさに二人三脚の過程を経て、申請、認定という手順を踏むのである。

効果は1年後ではあるが、もし削減できれば、このことは将来的にも非常に大きい意味を持つ。

それは、将来、水道料金は値上りする可能性があるからである。全国の水道事業は赤字と考えてまず間違いない。それでもこれまで値上げがほとんどなかったのは、その赤字が地方自治体会計の中で別会計として扱われてきたからである。

しかし、09年度から自治体財政健全化法が施行されると、決算は連結されることになり、水道事業が抱えている赤字が自治体財政を大きく圧迫することになるだろう。その度合いがひどければ、水道料金値上げということになりかねない。

実際、財政破綻した夕張市は、最も水道料金の安い自治体の実に7倍の水道料金である。各自治体で値上げの可能性を秘めている。故に下水道料金減免制度の活用は、今後、よりその重みを増す、大変価値のあることなのである。

・都市ガス料金のコストダウン

ガス事業の法改正以来、ガス事業の自由化、規制緩和が進み細分化され多様化・

複雑化したガス料金は契約の形態によって大きな金額の差額が生じた。

実は都市ガス料金の契約メニューはたくさんあり、かつ複雑である。自由化により、ガス料金にもさまざまな料金プランが出てきた。さらに05年4月以降の自由化により大手ガス会社の料金単価や体系が非公開となった。このため、使用量、使用時間帯、使用季節を検証し多種多様な料金プランの中から、いま契約中のガス会社の料金プランを、自社にとって最適なプランに変更・見直しするという自己検証が困難になってしまったのだ。

電気料金同様、どれが適した契約種別であるかを見分けるには、専門家に依頼するのが結果的に一番早いだろう。こちらも、電気料金同様の効果が期待できるのである。

・広告宣伝費のコストダウン

世の中が不景気になると真っ先に見直されるのが、広告宣伝費である。「広告宣伝費」と一言で言っても、テレビＣＭ、ラジオＣＭ、新聞広告、雑誌広告、チラシ、ネット広告など多岐にわたっている。

２００９年2月、08年の広告費に関する資料を株式会社電通が発表した。その報告によると、日本の08年の総広告費は約6・7兆円で4年ぶりの減少である。

マスコミ4媒体（新聞・雑誌・テレビ・ラジオ）は4年連続の減少。一方、ＢＳデジタル放送などの増加で「衛星メディア関連広告費」「インターネット広告費」が増加を続けている。

買い手市場という現状を武器に、価格交渉を行うのもいいだろう。しかしやはりこうした機会に積極的に費用対効果を見直し、必要・不必要の判断、最適な媒体の選別などを検討するべきだ。費用対効果をしっかり意識しよう。広告の対象がブレていたら、お金を捨てるだけになってしまうのだから。

・人件費のコストダウン

「派遣社員」というと、昨今では「派遣切り」がすぐに連想されるようにマイナスな印象になってしまった。後述するが、人件費は多くの企業にとって経費のなかで最も比率の高いものである。

もともと「労働者派遣」は、1986年に労働者派遣法として施行されたのがそのスタート。施行当初は13業種のみに限定されていたが、その後の改正で禁止業種以外で可能になった。いまでは、企業の人材調達手段として一般化している。

労働者派遣法が施行されるまでは、人件費はほぼ固定費化していた。それが施行後、一部、変動費化できることになったのである。人件費という大きなコストが変動費化できたことは、企業側にとっては非常に有益であった。

さらに、契約社員（雇用契約を結ぶ）という雇用形態もある。パートやアルバイトなど一般的に雇用契約を結ばない形態での人材調達と併せて、人材確保の最適化を図ることで人件費という非常に大きなコストを抑制することができる。

・採用費のコストダウン

求人そのものの減少により、それに伴う採用費が減るのは当然である。採用媒体費、業界説明会会場費などは先の広告費と同様、市場の追い風を武器に価格交渉は可能だろう。

採用費は、採用に投下した採用媒体費などの直接費や、人件費などの間接費を合算し、その後の定着率やもたらされた売上・粗利とを天秤にかけ費用対効果を算出し、より費用対効果の高い方法を検討すべきである。

ただ、採用費が広告宣伝費と大きくその性質を異にするのは、結果、得られるものが企業にとって重要な戦力となる人材であるということである。採用費をかければ優秀な人材が集まるかといえばそうではない。企業に魅力が感じられなければ就職希望者は現れない。

就活環境はまったく違うが、筆者自身が前職のコンサルティング会社に就職を決意した理由は、当時の社長が自らプレゼンし、面接も積極的に行っていた熱意に惹きつけられたからである。当時の企業説明会は、ほとんどの企業が人事や総務担当者が前面に出ているなか、同社のカラーを感じたのだ。

企業が存続するのに、社員の力は欠かせない。優秀な人材を獲得するためにも、採用費の費用対効果の見直しという冷静な判断と、仲間として迎え入れたいという熱い思いが必要なのだ。

・教育研修費のコストダウン

筆者自身が、長年コンサルティング業界に身を置いてきたので、身にしみて分かるのだが、不景気になると研修費は広告宣伝費の次に削られる費目だ。戦略立案、マーケティング、売上拡大、人材教育など会社としての課題はいくらあっても、外部に依頼できる余裕はなくなるからだろう。

外部委託の研修の継続や解約は、実施内容や受講対象と効果を天秤にかけてから決めるべきである。もちろん、コンサルティング会社としては契約解除や中断はとても痛い。そこで、値段交渉は可能になるだろう（担当するコンサルタントによって、相性の合う合わないも重要である）。

なお、外部委託をしなくても、社内研修を充実させるのもよいだろう。不況だからとコスト削減や設備投資を抑制しても、技術力や社員の覇気が低下していれば、来たる不況からの脱出期の波に乗り遅れるだけだ。不況時には顧客からの各種受注も低迷する。ならば、時間と空いている設備を有効に活用して人材教育に努めてはいかがだろうか。

最後に、国の制度でキャリア形成促進助成金制度も紹介しておこう。これは、あらかじめ研修計画を提出し、実施後、その書類を提出すれば研修費用の一部について給付金を受けとることができる制度である。これも活用の余地があるだろう。

・旅費交通費のコストダウン

旅費交通費で金額がかかるのは飛行機、新幹線による交通費と宿泊費だろう。国内出張で飛行機を使う場合は、旅行代理店でホテルとのパックでかなりお得なプランが用意されているので利用するとよい。新幹線も同様である。なお、新幹線については、エクスプレス予約で東京～博多間であればどの区間であれ安くなるので、法人契約して各自にカードを配布して利用することだ。

宿泊費については、全国展開している安いビジネスホテルチェーンとボリュームディスカウント交渉したり、現場がよく利用しているホテルは法人として値引きしてもらえばよい。レンタカーを使う場合は年間利用料を集計し、相見積もりを取ってボリュームディスカウントを交渉しよう。なかには、現場の安いガソリンスタンドと提携してガソリン代ともにディスカウントしてくれるレンタカー会社もある。

なお、格安チケットも馬鹿にならない。また、高速道路を利用する際にはＥＴＣで時間帯により大幅な値引きが受けられるが、深夜などの通行料の少ない時間帯ほど割引率は高くなるので、会社として利用できるのは少ないかもしれない。

しかしまずは、その出張や訪問が必要かどうかを考えるのも大切だ。社内会議や研修であればＴＶ会議やスカイプを使って済ませることもできる。打ち合わせといった内容も、メールや電話で済ませられる案件もあるはずだ。

しかし、クレーム対応だけはそうはいかない。クレームが発生すれば、何をおいてもまずは出向くというのが半ば鉄則である。しかもその用事だけのために、そこまで足を運ばなくてはならない。クレームは、要は準備不足の結果である。クレームをいかに発生させず、ゼロクレームにするかという日ごろの努力は、実はコストにとっても重要な側面なのである。

・登記手数料のコストダウン

登記には、大きく分けて不動産（土地・建物）登記と商業登記がある。「不動産登記」は土地や建物の取得や名義変更に伴う手続きで、「商業登記」は法人設立時や社名や本社所在地、定款、取締役、資本金等の変更時には、登記手続きを取らなければならない。

この業務を司法書士に任せている会社も多いのではないだろうか。そのときの登記手数料とは、実費と司法書士の手数料のことだ。

このような費用でさえ、大規模な司法書士事務所ならば、取扱量の多さや大量手続きという強みから、手数料を低く設定しているところもある。試しに大きな司法書士事務所に相談してみるとよいだろう。

2．かかるコストの差異

さて、必要となる経費の内訳は、どの業種もすべて同じになるわけではない。先ほど挙げた項目のなかで、ある企業にとってはまっさきに取り組むべきものでも、他の企業にとってはまったくかからないものもある。

では、どのように違いがあるかを簡単に述べておこう。

■業種業態の差

ひとくくりに会社・企業といっても、その業種・業態は数限りない。しかしどの業種でも、間違いなく大きなコストは人件費であろう。

経営指標のひとつに、「労働分配率」というものがある。これは、人件費÷粗利益で算出したものだ。労働分配率は、33・3%が適切とした理論や時代があったが、日本では、建設業で50～60%、製造業で45～60%、卸売業で40～55%、小売業で45～60%、サービス業で55～65%という水準まで上昇した。

営業利益は「粗利益－経費」である。営業利益を±0%で考えた場合、人件費が65%であれば、それ以外の経費は35%しかないのだ。それほど、人件費は経費に占める割合が大きい。人件費削減が挙げられるのはそのためである。しかし基本的に

■かかるコストはそれぞれ

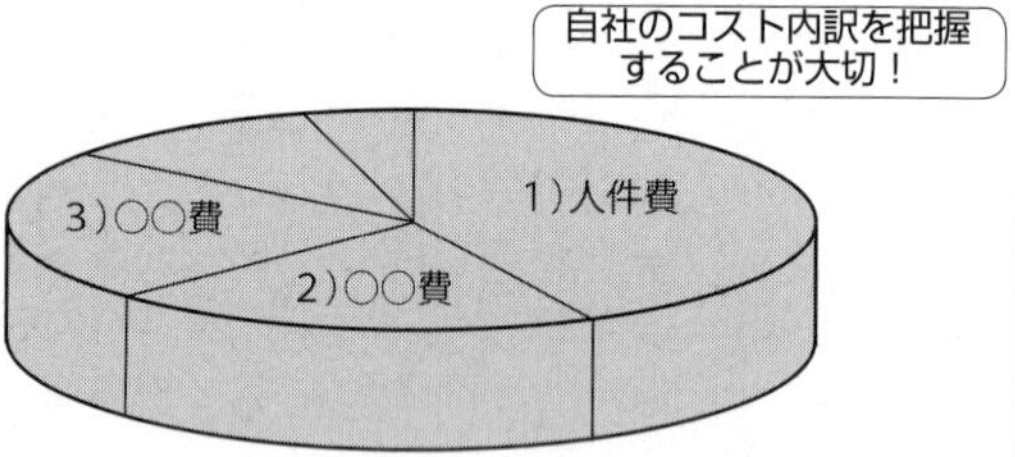
自社のコスト内訳を把握
することが大切！
1）人件費
2）○○費
3）○○費

は、リストラや人件費削減には手をつけたくないというのが、経営陣の本音だろう。ならば、どうすればよいか。やはり、その他の経費で抑えられるものは抑えるということになる。

会社の経費の内訳は、業種業態や規模により異なってくる。

人件費に次いで（あくまで原価ではなく経費が）多いものを挙げるとしたら、「製造業」なら水道光熱費、「建設業」なら車両費やリース料、「サービス業」ならテナント料や通信費、「小売業」ならテナント料や水道光熱費、「卸売業」ならテナント料や物流費ではないだろうか。

生産拠点や営業拠点を賃借している会社ならば、テナント料はばかにならないだろう。規模が大きくなる程テナント料は増え、さらに人の移動やコミュニケーションに関連する旅費交通費・通信料も増える。

成長性の高い会社であれば、採用費、研修費も多くなりがちだ。

ただ、これらのことはあくまで平均的な視点であって、あなたの会社にはあなたの会社なりの特徴があるはずだ。まず、その特徴を踏まえた現状把握をすること。すべては、そこからのスタートになる。

■地域の差

水道光熱費などは、実は地域格差の激しいコストである。水道料金は、山梨県笛吹市と熊本県宇城市では、実に15倍もの開きがある。下水道料金は、埼玉県戸田市と秋田県湯沢市で9・3倍。都市ガスは、新潟県燕市と熊本県山鹿市で3・2倍（09年2月時点）である。さらに電気料金ならば、原子力発電所を有しない沖縄電力が最も高い。

先にも触れたように（P.98参照）、特に水道料金は地方自治体の財政状態が反映されるので、今後ますます格差が広がるものと思われる。

２００８年10月１日から政府管掌健康保険（政管健保）は、全国健康保険協会管掌健康保険（協会けんぽ）になり、その運営も新たに設立された全国健康保険協会に委ねられることになった。

しかも、社会保険庁ホームページによると、次のように記されている。

「協会設立後、１年以内に都道府県ごとに地域の医療費の反映した保険料率を設定することとなります。都道府県単位の保険料率の場合、年齢構成の高い県ほど医療費が高く、保険料率が高くなったり、所得水準の低い県ほど同じ医療費でも保険料率が高くなることから、年齢構成や所得水準の違いは都道府県間で調整したうえで、地域の医療費を反映した保険料率を設定することとなっています。また、都道府県別保険料率への移行に当たり、保険料率が大幅に上昇する場合には激変緩和措置を講ずることとなっています。」（協会けんぽＱ＆Ａ　Ｑ５より）

つまり、都道府県ごとに健康保険料率にも格差が生じるのだ。以上のように地方自治体により、今まで以上に格差が広がるのである。

インターネットの普及で、全国規模に事業展開をする企業が増えていることだろう。もし今後、工場や支店、倉庫やコールセンターなどを新たに設立されるのであれば、テナント料だけではなくこうしたコストもあらかじめ調べられたうえで検討されることをお勧めしたい。

補足①――損益計算書

本書は、簡単にできるコストダウンを目的としている。よって、会計知識や財務諸表についての知識は要しない。しかし、会社運営に生じるコストと利益の関係を知れば、よりコストダウンの必要性が認識いただけるのではないかと考える。そこで、とてもおおまかにではあるが、損益計算書を使って利益とコストについて説明しておこう。

なお、財務諸表の見方は本書の意図するところではないので、各種数字や項目は分かりやすくしている点はご了承いただきたい。また、さらに詳しくお知りになりたいという方は、専門に解説している書籍をご覧になられるとよい。

書店には、図解やマンガなどで、とても分かりやすく解説してくれる書籍が満載である。決算書類の見方などは、覚えておいてけっして損はないだろう。

会社の利益計算は、収益－支出である。事例は、損益計算書で見られる典型

●損益計算書（P/Lシート）

（単位：千円）

Ⅰ 売上高	1,000,000
Ⅱ 売上原価	
前期在庫	20,000
仕入れコスト	700,000
期末時点の売れ残り（▲）	100,000
売上原価合計	620,000
売上総利益・・・A	**380,000**
Ⅲ 販売費及び一般管理費	
給与・所与	100,000
家賃	5,000
販促・広告宣伝費	5,000
保険料	5,000
水道光熱費　など	5,000
販売費及び一般管理費合計	200,000
営業利益・・・B	**180,000**
Ⅳ 営業外収益	
受取利息	300
為替差益など	500
Ⅴ 営業外費用	
支払利息	8,000
為替差損など	－
経常利益・・・C	**172,800**
Ⅵ 特別利益	
投資有価証券売却益など	1,000
Ⅶ 特別損失	
損害賠償損失	1,000
固定資産売却損	1,000
税引前当期純利益…D	**171,800**
各種税金など	70,500
当期純利益・・・E	**101,300**

粗利益計算（Ⅰ〜A）

本業の営業活動での利益計算（Ⅰ〜B）

通常の経営活動で得た利益計算（Ⅰ〜C）

最終的に1年間で得た利益計算（Ⅰ〜E）

的な雛形である（各項目の名称は分かりやすいように表記）。グレーに色付けされた項目は支出にあたる。家計簿をつけられている女性の方も多いだろうが、収入から支出を引くという考え方の基本は同じである。

しかし、会社にはいろいろな支出が存在し、内容によって経常される欄が異なる。それにより、「利益」と一口にいっても、5つの利益が存在する。ここでは、どの利益がどのような意味を持ち、算出されているのかを簡単に説明しておく。

(A)売上総利益

(A)の「売上総利益」は、サービスや商品・製品の総売上（売上高）から、それらサービスや商品の仕入れ・製造にかかったコスト、そして昨年度からの在庫を引き、今期の売れ残りを加算した額で通常「粗利益」とよばれる。なお、Ⅱの売上原価には会社を運営していくための社員への給与やテナント料、光熱費や販促費といった一般的なコストは含まれていない。

売上総利益が高ければ、それだけ利益の源泉が豊富であるということになる。

この売上総利益を高めるには、どうすればよいか――。

簡単に言えば、「売上高を伸ばし仕入れコストを抑える」ということになる。売上高を伸ばすには、販売単価を上げる、販売数量を増やす、といった手段が考えられるだろう。これが通常、皆さんが行っている売上拡大の努力である。

コストは、単に商品などの仕入れ値だけではない。それらを仕入れるのにかかる運搬費や手数料や保険料、さらに保管しておく倉庫代などの諸経費も含まれるのだ。利益拡大には売上高の追求はもちろん、この諸経費を抑える努力も必要となる。仕入先との値段交渉や、原価を抑えるための各種取り組みは、この項目の数字を少なくする努力といえる。

なお、売上総利益を売上高で割れば、売上高総利益率（粗利率）が算出できる。売上高が高くても、この粗利率が低ければ利益が少ないことは明白だ。粗利率を業界平均や競合他社と比較することで、その企業のサービスや商品・製品の競争力が分かるのである。

(B)営業利益

会社が健全に業務を続けていくためには、商品やサービスが揃っていればよいというわけではない。会社としての営業活動を行うための人材、スペース、各種備品などがなければきちんとした会社運営が行えない。

つまり、社員に支払う給与や賞与、交通費、厚生年金や健康保険などの福利厚生費、拠点にかかるテナント料、水道光熱費、各種備品、さらに商品やサービスを広めるための宣伝・広告費や得意先との交際費などさまざまな経費がかかる。

Ⅲの「販売費及び一般管理費（販管費）」は、それら会社の本業を営むうえで発する経費を指す。そして、「(B)営業利益」は(A)売上総利益から販売費及び一般管理費を引いた残額である。

つまり、売上総利益をいくら計上できたとしても、それと同等の経費を出していたのでは、会社に利益は残らないということである。

本書で紹介したコストダウンの各項目は、これら販管費の中に含まれる項目ばかりである。つまり、いままで当たり前に出ていた支出は、会社の利益を脅かす一因であったことが理解いただけるだろう。

損益計算書は、その会社が1年でどれだけ利益（または損失）を出したかを数字で表すものだが、内容を確認すればどの項目にどれだけの経費が発生しているのかが分かる。

なお、営業利益を売上高で割れば、営業利益率が算出できる。売上に対して営業（本業）での利益がどれほどを占めているかが分かるのだ。これを過去の数字と比較すれば、状況の推移や一過性の外的要因が起因したことなどが見えてくるだろう。さらに同業他社や同規模の他社と比較すれば、経費に関する改善点や課題が見えてくるのである。

(C)経常利益

(B)の営業利益に、Ⅳ営業外収益を足し、さらにⅤ営業外費用を引いたものが「経常利益」である。

「営業外収益」は簡単に言えば、その会社の本業としている以外の活動で出た儲け分である。例えば、銀行の預金に生じた利息や、所有株式を売却して得た利益、さらに為替変動によって出た為替差益が含まれる。

「営業外費用」は逆に本業以外の活動で生じた費用だ。つまり、銀行の貸し入れに伴う利息や、株式売却で生じた損失、さらに為替による差損である。

「経常利益」は、本業で得た営業利益に、本業とは関係ないが会社が運営していくうえで毎年継続的に行われる財務活動などから得られた損益を加算したものである。つまり、通常の活動でどれだけ損益が出ているのかを表している。

(D)税引前当期純利益

(C)の経常利益に、Ⅵ特別利益を足し、さらにⅦ特別損失を引いたものが「(D)税引前当期純利益」である。

「特別利益」は簡単に言えば、固定資産や長期保有を目的としていた有価証券などを売却することで得た利益など、その年にしか発生しない特別な利益である。

「特別損失」は固定資産や投資株式の売却による損失や、天災などによる被害、損害賠償など、その年にしか発生しない特別な損失である。

つまり税引前当期純利益とは、その会社の収益力に、その年の特殊事情を加算したものである。

(E)当期純利益

会社として活動していく以上、会社は各種税金を支払わなければならない。「当期純利益」は、(D)税引前当期純利益から法人税、住民税および事業税といった「法人税等調整額」を差し引いて算出した、その年度の最終利益である。

つまり、最終的に会社に残る利益ということである。


ここでは、簡単に損益計算書の流れを説明した。これは、日ごろあまり意識しない各種コストが、会社の最終利益を脅かす可能性を秘めているものであるという認識をもっていただくために参考として記したものである。

会計や財務諸表の知識はとても奥が深い。さらに、株式投資の際にも有用である。興味をもたれた方は、ぜひ専門書を開いてみるとよい。数字の意識をもてば、武器にこそなれけっして邪魔にはならない代物のはずだ。

第6章　コストダウンを運動にする

1．実行ステップ

ではここからは、もう少し進んだコストダウンについて考えてみたい。前章の個人レベルでできることから、もう一歩進んで、部署や会社としてのもう少し大きな取り組みを目指していくのだ。

左は、コストダウンの実行ステップのポイントである。ここからは、このステップについて、解説していく。

◎STEP1　現状把握

まずは、実状を把握しないことには始まらない。

124ページに、基本となるチェック項目を用意した。これは、多くの読者の方に沿えるように、基本的な部分しか載せていない。同じ業種でも、それぞれの会社によって内情は違うであろうから、項目の追加削除は皆さんで行っていただきたい。

ただし、コストダウンの考えをなすベースは同じであるから、必要最低限の項目

コストダウンの実行ステップ

STEP 1　現状把握

テナント料、携帯・固定電話料金、コピー代。減らせそうなコストや、無駄が多いと思える経費をリスティングする

STEP 2　削減できそうな経費を抽出

本書で示したことをベースに、リストの中から簡単に取り組めそうなものを選び、最小単位のダウン金額を算出する

STEP 3　実行可能な組織単位での金額を概算

STEP2で出した金額を、部署や営業所など、最終的に実行したい単位での概算を算出する

STEP 4　実際の請求書を社内で入手

総務、経理部門に問い合わせて、データをもらう。可能であれば、12カ月分をもらうと1年の流れをつかみやすい

STEP 5　最終的なゴールを算出

概算ではなく、現実ベースでの金額を算出し、月間で○円、年間なら○円の削減といったゴールを算出する

STEP 6　メリット・デメリットを分析

導入にあたり、どのような手間や障害が生じるか、それを踏まえてもしのぐメリットが数字以外にあるかを明確にする

STEP 7　企画書として提出

実行単位が大きくなると、簡単には実施できない。今までの考えを書面にまとめて責任者へ提出する

STEP 8　実行開始

ＯＫが出たら、即行動あるのみ。ひとりでは大変な場合は、メリットを享受できる部署や仲間を巻き込むとよい

項目	現状	改善策
携帯電話		
固定電話		
DM		
郵便		
宅配便		
コピー		
備品		
テナント料		
電気代		
水道代		
ガス代		

で話を進めていきたいと思う。

ポイント：すべての項目をこまかくチェックする必要はない。まずは、身近で分かるところから考える。思いつくところは、実行もしやすいはずだ。

◎STEP2　その中から削減できそうな経費を抽出

では現状が分かったところで、実行にうつしやすいものをピックアップする。さらにそれらがどれくらい削減できるかの目処を出す。

自分や仲間だけで行う分には即行動におこせるが、部署や社内全体となると削減できる数字は大きくとも実現も難しい。明確な数字で示しやすいものを選び、まずは実績を作ろう。

ポイント：携帯電話の契約プランや事務用品の業者の見直しなど、インターネットなどで数字が出されているものは概算が出しやすい。

◎STEP3　実行したい組織単位での金額を概算

STEP2で選び出したコストで、実際に実践したときの概算を出してみる。ここで、数字的な実感が自分のなかに生まれれば、これから先も楽しみながらアイデアが出せるだろう。

ポイント：事務用品など単価の小さいものは、算出した金額もあまり大きくないだろう。しかし、まずは実践と経験を積むのが第一歩である。金額の大きさよりも、実行のしやすさに重点をおこう。

◎STEP4　実際の請求書を社内で入手

可能であれば、月々いくら支払われているかを総務部や経理部に確認をとる。1年をとおした流れを確認することも有効だ。コストの種類によっては、繁忙期や閑散期などで大きく差が生じることもあるのだ。

ポイント：総務部や経理部に聞くのはちょっと気が引けるという方は、自分の手元で出した金額が当てはまる対象人数で掛け算をして概算金額を算出するとよい。

◎STEP5　最終的な削減目標を算出

経理部からもらったデータをもとに、他部署や全社を含め年間いくらまで削減が可能か算出する。もし、全社規模が難しくても、所属部署で年間いくら程度削減可能か分かれば実行への意欲がわく。

ポイント：ゴールは高すぎないこと。スタート時から目標を高く設定しすぎると達成までに時間がかかり、モチベーションを維持しづらい。

◎STEP6　メリット・デメリットを分析

金額的には実践する価値があっても、それに伴う労力が大きければ導入や持続までになかなか至らない。導入前にどのような労力が必要になるか、また導入後にどのような障害が考えられるのか、あらかじめ認識しておこう。

ポイント：メリットは金額的なものだけではない。業務の効率化や社内ネットワークの強化など、実務レベルのメリットも考えてみよう。

◎STEP7　上長に相談

会社の規模が大きくなるほど、担当が分かれ承認を得る回数が増えてくる。そこで、簡潔にポイントやデメリットを説明した趣旨説明書を用意しておくとよい。現状・目的・概算を記しておくと、方向性が明確になって周囲への協力を仰ぎやすいのである。

ポイント：営業資料のようにきれいな装飾や枚数にこだわる必要はない。目的はコストダウンだ。書面はあくまで、その趣旨を説明するものである。それ自体に手間やコストをかけるのは、本末転倒である。

◎STEP8　実行のとき

承認がおりたら、時間をおかずに実行にうつそう。ひとりでは負担が大きい場合は、計画実現によってメリットを享受できる部署や人を巻き込もう。その際もSTEP7で記した概要を見せて、メリットをしっかり理解してもらってから協力を仰ぐとよいだろう。

2. 実践例

では、携帯電話を例に見てみよう。

先のステップで携帯電話のコスト見直しができると判断できたとする。営業部のAさんの標準料金をもとに考えてみる。

彼の平均使用料は月額1万円である。先ほど紹介したように、携帯電話のプランを見直しただけで８８２６円に削減できることが分かった。削減率は約15％である。これを営業部のスタッフ10人で算出してみる。

営業部のスタッフは大体同じような金額だが、おおまかな数字を出すために、10％を平均として考えてみる。月額１万円の携帯料金として、１０００円（10％）の削減×10人分×12カ月。つまり、単純計算で12万円のコストダウンである。

社員が１００人いれば、１０００円×１００人×12カ月で単純計算で１２０万円である。とはいえ、営業部ほど携帯電話で連絡をとる部署は少ないだろう。それらの部署には固定電話の見直しが有効になる。さらに、このような数字をより明確にするには、毎月の支払い明細などを経理部に提出してもらうと明確である。

なお、プランの見直しにはメリットとデメリットが存在する。

この場合なら、コストダウンがメリットで、そのためにかけた時間経費と2年間の契約がデメリットとなる。これをしっかり踏まえることが、実現への重要な足跡となるのだ。

これら抽出した情報を、責任者に提出しよう。用紙には、現状・改定案、メリッ

明細	平成20年1月利用分
基本使用料	￥9,800
ユニバーサルサービス料	￥6
○モード使用量	￥300
留守番電話	￥300
パケット定額料	￥3,900
通話料	￥3,357
年間割引	￥-2,450
オフィス基本割引基本料	￥-1,960
オフィス基本割引通話料	￥-0
当月無料通話	￥-3,357
合計	￥9,896
消費税	￥448
合計	￥10,344

明細	旧プラン	新プラン
基本使用料	￥9,800	￥6,600
ユニバーサルサービス料	￥6	￥6
○モード使用量	￥300	￥300
留守番電話	￥300	￥300
パケット定額料	￥3,900	￥3,900
通話料	￥3,357	￥3,357
年間割引	￥-2,450	￥-1,650
オフィス基本割引基本料	￥-1,960	￥-1,650
オフィス基本割引通話料	￥-0	￥-14
当月無料通話	￥-3,357	￥-2,713
合計	￥9,896	￥8,436
消費税	￥448	￥390
合計	￥10,344	￥8,826
コストダウン	▲￥1,518	14.7%

ト・デメリットを記載すればよい。余計な装飾は不要だ。それこそ、無駄な労力となるのだから。

第7章　実践の成果

1. コストダウン成果の算出の仕方

社内でコストダウンへの取り組みをした際は、その成果がどれだけ上がったのか誰もが知りたいところである。率先して実行した者からすれば、できるだけたくさんの成果が出たほうが達成感を得られるし、周囲から評価もされる。がんばった甲斐もあった。しかし、とはいうものの成果の算出は、「万人が納得するかたち」でなければならない。つまり、成果については客観性が重要なのだ。

そこで、参考までに弊社のコストダウン成果の算出方法を紹介しておこう。

①成果が現れだしたことが証明できる月から
②成果創出後の量をベースにして
③コストダウン前とコストダウン後を金額比較する

というものだ。

すなわち、皆さん一人ひとりの節約努力による使用量の減少分や、また販売強化

■コストダウン成果

　　コストダウン前単価 × 今回数量
－　コストダウン後単価 × 今回数量

コストダウン成果

のための使用料の増加分の金額は計算に含まないということである。

なぜなら、使用量の増減には人的要素を含め売上増減など特定できない不確定で曖昧な要素がたくさん含まれるからである。

したがって、極端に単純化すれば上記の式となる。

2. 算出例

では、分かりやすいように、携帯料金を例にしてみよう。

次ページに、流れを記すので参考にしてほしい。流れとしては、対象端末を選別し、基本単価が変化した項目を除いて実践前と実践後の料金を比較して、削減額を出すというものだ。

①実践時に新規契約・解約したものは除外

成果算出となり得る料金データを選別する。その際、今回新たに契約した端末や解約した端末は除外する。

	携帯番号	実践前	実践後	
1	080-0000-××××	○	○	
2	080-1111-××××	○	○	
3	080-2222-××××	○	○	
4	080-3333-××××	○	○	
5	080-4444-××××	○	○	
6	080-5555-××××	○	○	
7	080-6666-××××	○	解約	対象外
8	080-7777-××××	未契約	新規契約	対象外

②単価が変更されたものは新規料金で算出

外部要因により単価変動のあったもの、例えばユニバーサルサービス料の引き下げ･引き上げや、△△モードの値上げなどは、実践後の金額で計算する。

	項目	診断時	実践後
1	ﾕﾆﾊﾞｰｻﾙｻｰﾋﾞｽ料	¥7	¥6
2	△△モード	¥200	¥300

↑ 新しい単価で、削減率を出す

③端末ごとに成果を算出

コストダウン実践前料金と実践後料金を計算し、１端末ごとに成果算出を行う。

	実践前	実践後		
基本使用料	¥5,300	¥6,600	←プラン変更	
ﾕﾆﾊﾞｰｻﾙｻｰﾋﾞｽ料	¥6	¥6		
ﾊﾟｹｯﾄ基本使用料	¥100	¥0	←見直しにより解約	
△△モード	¥300	¥300		
キャッチホン	¥200	¥0	←見直しにより解約	
留守番電話	¥300	¥300		
利用料金	¥4,322	¥4,322		
長期利用割引料金	¥-800	¥-1,650		
ビジネス割引料金	¥0	¥-1,650		
無料通話	¥-2,800	¥-4,000		
合計	¥6,928	¥4,228		
消費税	¥346	¥211	削減金額	削減率
合計	¥7,274	¥4,439	¥2,835	39%

④全体の成果を算出

対象全端末料金を合計し、コストダウン成果を算出。

	携帯番号	実践前	実践後	ダウン金額	削減率
1	080-0000-××××	¥10,000	¥9,000	¥1,000	10%
2	080-1111-××××	¥9,000	¥8,000	¥1,000	11%
3	080-2222-××××	¥11,000	¥9,500	¥1,500	14%
4	080-3333-××××	¥12,000	¥10,000	¥2,000	17%
5	080-4444-××××	¥8,000	¥7,500	¥500	6%
6	080-5555-××××	¥10,000	¥8,000	¥2,000	20%
合計		¥60,000	¥52,000	¥8,000	13%

これが当社のやり方である。

以上のように、誰から見ても納得できる成果算出が重要である。したがって、会社の営業利益率で割り戻して、売上換算することができる。ちなみに年間100万円のコストダウン成果は、会社にとって営業利益である。会社の営業利益率が3％ならば3300万円トダウンをあなたが実現したとする。（100万円÷3％）以上の売上を上げたことに匹敵する。しかもその貢献は、何年にもわたり継続することになるのだ。

以前ご相談いただいた案件で、年間1億円のテナント料削減に成功された会社がある。実にその会社の1カ月分の賃料である。担当の方は、もともと会社から指示をされたのではない。自主的に疑問を持って、コスト削減に臨んだのである。その結果が年間1億円もの営業利益を創出した。

彼は出ていくのが当たり前だったコスト1億円を、営業利益1億円に換えたのである。なお、この担当者が行ったコストダウンについて、実践者からのお話として追って記載している。ぜひ生の声を参考にしてほしい。

やはり、コストダウンは総務部門や管理部門だけのものではない。やる気のある人が率先してやればよい。そうすれば、誰でもヒーローになるチャンスがあるのだ。

3．コストダウンの基本的な手順

ではここで、作業の流れを一度、整理させておこう。

まず第一に、「すべてのコストは必ず下がるものだ」という意識を持つことである。そのうえで、

①削減したい項目の業界内の勢力状況を知る

②ネットで調べたり、専門家や友人・知人などに問い合わせる

③業界の販路構造や体力のある（販売力があり、安く仕入れる力を持っていたり、割引余力を抱えている）会社を知る

メーカー→直販部隊、単独代理店、乗り合い代理店＋リース会社→ユーザー

④交渉相手を知る
⑤己を知る（自社の利用状況、活用状況を知る）
⑥相見積を取る
⑦交渉する

成果が大きいにこしたことはない。まずどの費用から着手すべきか、どれくらいの効果が上がるのかの目安として、次の概念式で判断してみよう。

コストダウン成果×売上影響度×顧客満足度×取引先満足度×社員満足度

この概念式をできるだけ数値化できるように、左記のように算式化してみた。あくまで参考として、ご覧いただきたい。

1	コスト ダウン成果	=	経費削減金額 ÷ 営業利益率 原価低減金額 ÷粗利率
2	売上単価 影響度①	=	平均顧客単価 × 値上げ率・値下げ率
3	顧客満足度 ②	=	顧客数 × 顧客増加率・減少率
4	売上影響度 ③	=	売上単価影響度① × 顧客満足度②
5	取引先 満足度	=	取引金額 ×値上げ率(＋)・値引き率(－)
6	社員満足度	=	社員数 × 平均年収 × 給与・賞与引き上げ率(＋)･引き下げ率(－)

結果、1＋4＋5＋6の合計金額の多いものほど、
優先順位が高いと考えられる。

ケーススタディ

では、ここでケーススタディで、簡単な計算をしてみよう。読者の多くには当てはまらないケースかもしれないが、エクササイズだと思って一緒に考えてほしい。

シチュエーション1

あなたは、カウンターだけの小さなコーヒー専門店のオーナーです。お店のテナント料は月10万円。店舗設備の費用は既に完済しています。お店は、あなた一人で切り盛りしているため、人件費は自分一人分で月40万円。お休みは週に1回で営業日数は25日。1日平均80人のお客様がみえます。自慢のコーヒーは400円で、原価は1杯当たり100円。電気、水道、ガス代を含めその他経費は月10万円です。

さて、次の質問から数字を算出してください。

Q1．このコーヒー専門店の月平均売上高はいくらでしょうか？
Q2．月の営業利益はいくらでしょうか？

しかし、ここ最近は客足が減り、1日平均70人になってしまいました。理由は明白。不景気でお客様の財布のひもが固くなっているのです。さらに、近くにネットカフェが開店し、お客様が流れているようです。
また、原材料のコーヒー豆の仕入れ値が、1杯当たり120円になってしまいました。

Q3．現在の月平均売上高はいくらでしょうか？
Q4．現在の月の営業赤字はいくらでしょうか？

毎日、毎月膨らむ赤字で、何か手を打たないとこのままでは店を開いても現金が出て行くだけで、先行きの見通しが立ちません。今のままの美味しいコーヒーを同じ値段で出し続けるために、次のいくつかの対策を考えました。

・値上げをする
・安いコーヒー豆に変える
・コーヒー1杯当りの量を減らす
どれもお客様にとってマイナスの方策しか思い浮かびません。

Q5．さて、皆さんならどうするでしょうか？（営業日数、営業時間は変えません。販促費も捻出できません）

A1．80万円（400円×80人×25日）
A2．0円（80万円－（100円×80人×25日＋40万円＋10万円＋10万円））
A3．70万円（400円×70人×25日）
A4．11万円（70万円－（120円×70人×25日＋40万円＋10万円＋10万円））
A5．まずは、テナント料のコストダウンに取り組んでみよう。さらに水道光熱費の削減について工夫をする。それでもダメなら当面の間、お給料を見直すべきだろう。

シチュエーション2

町内会のお年寄りの間で「グラウンド・ゴルフ」が人気になっています。ゴルフのカップの代わりに金属製のポール（ホールポスト）を目指して打数の少なさを競うゲームです。ある日、養母から「参加したいが近くのスポーツ用品店には置いていないので、用具を代わりに購入してほしい」と頼まれました。早速、ネットで調べ、木製クラブとボールのセットを1万5000円で購入したところ、それを知った近所の人たちからも同じように代理購入を頼まれてしまいました。調べてみると下代は100セットまでで80％、それ以上のロットだと70％で仕入れ可能と分かりました。そこで、週末起業のアイデアとして無店舗販売でお小遣い程度の副収入が上げられるのではないかと考えました。

Q1．テスト販売として50セット購入し、毎月5万円の収入を目指すと月平均何セットの販売で何カ月で完売でしょう？

実際に始めてみるとテスト購入分はすぐに完売しました。さらに、口コミでほかの町内会にも広がったため、新たに300セットを購入し、パート勤めの代わりに妻に本格的に動いてもらうようにしました。

Q2．妻の年間収入を100万円を目標とすると、月平均何セット販売すればよいでしょうか。

Q3．ランニングコストとして、購入代金以外にどのようなコストがかかっているでしょうか。

A1．17セット（5万円÷（1万5000円×20％））＝16・7
2・9カ月（50セット÷17セット）

A2．19セット
100万円÷（1万5000円×30％）÷12カ月＝18・5セット

A3．ガソリン代、通信費、チラシ作成代、保管場所代など

補足②――損益分岐点

さて、コストの認識を高めるために損益分岐点についても簡単にお話しておこう。

損益分岐点比率が低いほど利益が多く、企業経営が安定していると考えられる。そして、損益分岐点を下げるにはコストダウンへの意識が不可欠だといえるだろう。

なお、本書はコストダウンを目的としているため、これらの解説は補完的なものとして掲載するため、各項目の細かい説明については専門書にお任せする。

■損益分岐点売上高

損失分岐点売上高とは、売上高から必要経費をすべて引いて収支ゼロのラインである。

等式としては、

■損益分岐点

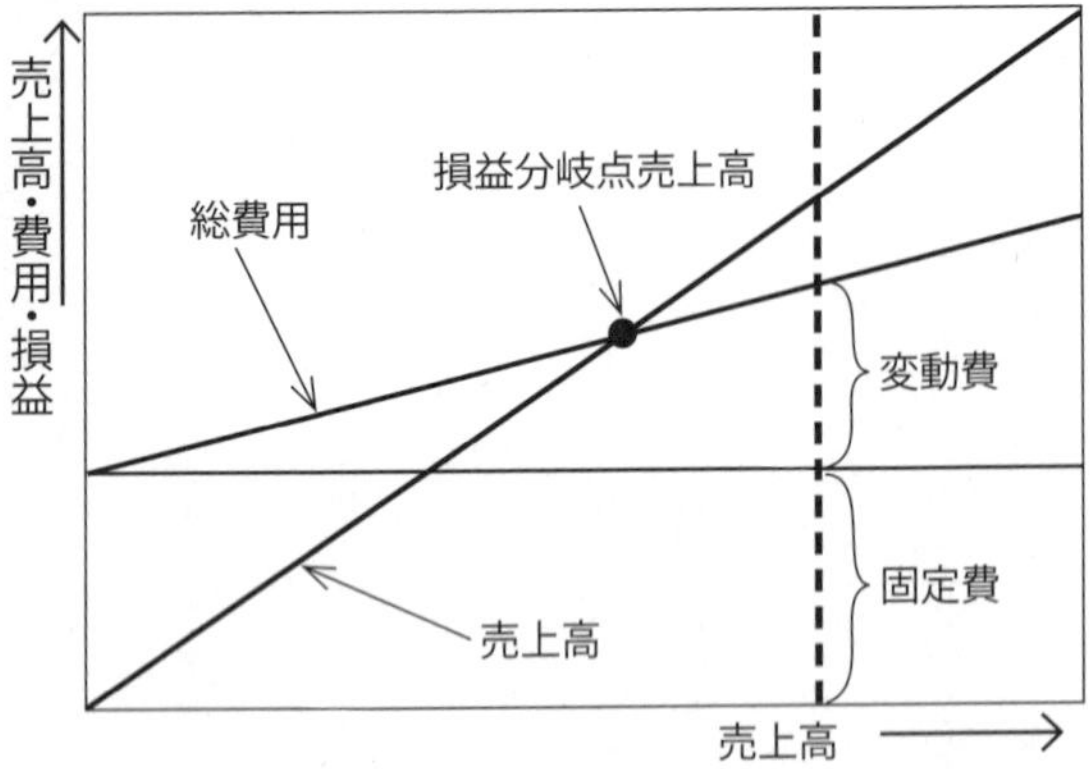

売上高＝利益＋固定費＋変動費

で算出される。

「固定費」とは、売上高や生産数の変動に関係なく発生するコスト。人件費やテナント料、保険料、固定資産税などだ。

一方、「変動費」とは売上高や生産量の変動に伴って変動するコストのことを指す。原材料費、仕入原価、外注費、輸送費、交通費などがある。

売上高がゼロでも、事業を始めた以上、固定費は必ずかかる。さ

■損益分岐点売上高

$$損益分岐点売上高 = \frac{固定費}{1 - 変動比率}$$

$$変動比率 = \frac{変動費}{売上高}$$

↓

$$損益分岐点売上高 = \frac{固定費}{1 - \dfrac{変動費}{売上高}}$$

らに売上が上がればもちろん、変動費が増えていく。

さて、損益分岐点売上高の計算は上記のとおりである。

この式に当てはめて、ケーススタディのシチュエーション1で見てみよう。

テナント料は月10万円
人件費は月40万円
コーヒーは400円
原価は1杯当たり100円
光熱費などのその他経費は月10万円

固定費：10万円（テナント料）＋40万円（人件費）＋10万円（光熱費他経費）
＝60万円
変動費：100円@杯（コーヒー豆代）
変動比率：変動費100円÷売上高400円＝0・25
1－変動比率＝1－0・25＝0・75
損益分岐点売上高：固定費60万円÷0・75＝80万円

よって、80万円が損益分岐点売上高になり、同店では毎月80万円以上の売上があってやっと、利益を生み出すことができるということになるのだ。もちろん、実際の店舗運営にはもろもろの経費がかかるので、このように簡潔にはいかないことを、念のためお伝えしておく。

第8章　コストダウンにおけるキーパーソン

1．経営者の視点

オーナーや社長は、基本的に給料を支払う側。また、社員にとって会社のお金は他人（ひと）のお金。そのスタンスの差は大きい。

だからといって、この意識の差を縮めることを諦めてはならない。肝心なのは、意識の差があることを大前提として、ことにあたるということだ。そして、やるからには社員だけではなく、トップが率先しなければ成功はあり得ない。

以前に、ある経営者から聞いた表現がある。

「部下を持ったら、〝スカートをはいて下から見上げられている〟と心得るべし！」。何と上手に言うものだろうと感心し、以来ずっと覚えている言葉だ。

立場が高くなればなる程、大きなスカートになり、下からのぞいている人数が増える。それだけ多くの人々から見られているということを、意識しなければならない。さらに気をつけなければならないのは、上から下は、なかなか見えないということである。トップである以上、一挙手一投足が社員の手本にならなければならない。

■良い時期もあれば、悪い時期もある

不況になると「こう景気が悪いと……」と、経営難を景気のせいにする経営者は多い。逆に、そうした経営者が好業績のときに「景気が良かったおかげで」と謙遜するのを聞いたためしがない。

会社経営には良いときもあれば、悪いときもある。経営状態が悪くなって初めて経費削減・コストダウン！　と声高に叫ぶのでは、経営者としての危機管理意識に疑問がもたれる。先を見据えた経営のもと、会社としての資産をきちんと蓄えておくこと。これも、広い意味でのコストダウンである。

経営者である以上、誰よりも危機意識をもっていなければならない。信用を失墜するほどの不祥事が起こったら……、大口顧客が取引先を変えたら……、銀行の融資が断ち切られたら……、未曾有の天災が起こってしまったら……。常に、ありとあらゆるリスクを想定し、対処法を講じておくのが経営者の仕事である。

経営者に言い訳は許されない。経営者とは、会社のリスクのすべてを引き受けることを宣誓した人なのだから。

■率先垂範

「社長が陣頭指揮をとり、社員一同、一致団結して…」新規事業の立ち上げや、不祥事からの起死回生のときなどによく聞く言葉だ。しかし、なぜ特別なときや非常事態にのみ重要視されるのであろう。

それらと同様なほど、コストダウンは重要なテーマである。全社で取り組むのなら、軌道に乗るまでは社長が陣頭指揮に立つことだ。部下任せでは、皆に真剣度が伝わらない。

自ら陣頭指揮に立てば、現状もよく把握でき、方針決定のスピードも極めて早くなる。コストダウンは会社存続において、常に行われなければならない、とても大切な企業活動である。成功させる、定着させるといった、強い決意があるのならば、やはり率先して行動にうつすべきだ。

なお、気をつけなければならないのは、コストダウンを声高に叫んでおいて経営陣は特別扱いということにならないようにすることだ。下の者たちには、「物を大切にしよう」「コストについて意識を持とう」と口すっぱく提示しているのに、かくいう自分たちは、以前と変わらず自己革新する気配がなければ、社員の士気を下げるばかりか会社への思い入れも薄れ、業務もいいかげんになってしまう。

マネジメントの要諦は、「やって見せ　言って聞かせて　させてみて　褒めてやらねば　人は動かじ」（山本　五十六元帥）である。この姿勢を貫けば、社員は同じ方向を目指してくれるはずだ。

■脱「公私混同」

中小零細企業の経営者にかなり多く見受けられるのが、「公私混同」である。

本業以外の出費や自分個人の欲求を満たすための出費について、会社の経費でおとす。会社が儲かっているから節税行為だと説明されるだろうが、社員には通用しない。会社の売上をもとに給料をもらい、そこから生活費をやりくりしているサラリーマンとしては、こういった行為は納得できるものではない。

経営者としての必要な報酬は受け取っている以上、個人的な出費はその範囲でまかなうことが当然である。

上層部の言動について、部下はシビアに見ているものである。さらに、部下は悪いことほどすぐ真似をする。一度、悪い体質が根付いてしまうと、それを元に戻すのは至難の業である。もし、すでに悪い習慣がはびこっているのなら、気づいた時点でやり直そう。それには、経営者自らの姿勢で見せることが何よりも特効薬になる。病気と同じで根本から治さないといけないのだ。

■初心忘るべからず

会社の創業期や創業経営者は、かなり経費削減をされてきただろう。これから茨の道に挑むのだと決めたとき、事業が軌道に乗るまではと「お金を使うことを考えるのは、お金が入ってから」と自分に言い聞かせていた人も多いはずだ。この姿勢をこれからも持ち続けるのだ。

会社も順調に売上を伸ばしているし、社員の皆もコストダウンに協力してくれた。「コストダウンは、これくらいでいいかな」と思うときもあるだろう。しかし、それは自分自身への甘えにもなる。自分が隠遁生活に入ったあとでも、会社は脈々と生き続けるのだ。ならば同様に、コストダウンも継続して考えていかなければならない。

■KKK（ケチケチ経営）で行こう！

人からケチと呼ばれるのは、あまり嬉しいことではない。しかし、こと経営（経営者）においては、ケチと呼ばれるのは悪いことではない。もちろん、ケチと倹約・節約は違う。われわれが目指すのは倹約の道だ。周囲から何と呼ばれようが、お金を大切にすることが、お金を社員に還元できる術なのだから。

しかし、見栄を張り、いい格好をしてしまうのが人間である。そんなときには、一歩引いて考えよう。見栄を張ってまでしなければならない付き合いは、適当な理由をつけて断れることが多い。それで本当に途切れてしまうような縁は、所詮それだけの縁、すなわちお金だけの縁なのである。それを続けていけば、見栄が次の見栄（の縁）を生んでしまうだろう。

■後継者を育てたいなら

多くの企業が抱える問題が、後継者問題である。後継経営者が名実共に真の経営者になるためには、社内や社外との現状を把握する情報力、より会社を発展させるための分析力、社員を統率するリーダーシップを有しなければならない。そして、社員にそれを知らしめる実績が欠かせない。それも社員の誰もが認めざるを得ないほどの実績である。

その材料として、コストダウンはうってつけである。社内の現状を分析して、より改善していく術を自ら打ち出し、率先して切り開いていくのである。その成果が大きければ大きいほど、大きなインパクトを与えるだろう。

■コストダウンすべきでないもの

さて、いくらKKK（ケチケチ経営）といっても、何でもかんでも抑えれば成功するということではけっしてない。日々、現場で頑張ってくれている社員は売上拡大という命題に加え、新たにコストダウンという使命まで背負って頑張っているのだ。そんな彼らのモチベーションを低下させるわけにはいかない。

また、会社の売上を担う製品や商品の研究開発費などの見直しは、慎重に行うべきである。

■担当者の選出

コストダウンを全社で運動として取り組む場合、総務や経理部から選ばれることが多い。それらは、会社の経費全般を把握している（はず）、数字を見ている分、問題意識が高い（はず）、営業や現場担当は売上を上げることが最優先などといった理由からだろう。

しかし、担当者には総務・経理部門や管理部門からの人選はできるだけ避けるべきだ。なぜなら、数字に近い彼らは通常業務の延長と感じ、単に「仕事が増える」という負の感情に陥ったり、「これまで経費削減をさぼっていたと思われている」ととらえてしまうことがあるからだ。つまり「やらされ感」である。さらに、職種的に数字が当たり前になりすぎて、新たなアイデアが出ないことが往々にしてみられるのだ。

コストダウン運動を成功させるには、「開拓者」さながらさまざまなアイデアを実行していくアイデアと行動力がなければならない。ならば、いろいろな部署から「前向き」に取り組める人材に任せよう。また、「自分が業績貢献できることを示す絶好の機会だ」と、野心あふれる人材も大歓迎である。

過去にコストダウンに取り組んで、前者の下では進まなかった運動でも、後者に任せて見違えるように大きな成果を生み出したという例もある。

しかし、気をつけなければいけないのは、担当者を替えて成果が出たからといって、前任者を責めてはいけない。なぜなら、それらを見ている社員に「責任を追求されるなら、コストダウンなど担当したくない」と思わせてしまうからだ。

否定的な感情が生まれれば、前向きなコストダウン運動にはならないのである。

2. 担当者の視点

さて、ここでは新たにコストダウン運動の担当者になった方々にポイントをお伝えしておこうと思う。担当者がポイントを外してしまえば、成功するものも遠くなってしまうのだ。ぜひ、次の点を参考にしてほしい。

■やめてしまえないか・無くしてしまえないか

まずは、目の前にある物や事柄に対し「なぜあるのか」「本当に必要なのか」を疑ってほしい。本書でも何度もお伝えしてきたが、必要ではないものを捨てる、無くす勇気を持とう。

毎週の定例会議はかけた時間以上の成果を出しているのか、保管年限が過ぎた書類が埃の中に埋もれていないか。そういうものに目をつけ存廃を考えることは、社内全体のためになるのだ。無くすことができないものは、考えなくても浮かんでくる。処理に悩んだ場合は、無くすことを前提に考えていくのが効率的なアプローチだ。

■不況のときにモノを買う

不景気は、多くの会社にとって苦しいものだ。手元現金が必要なため、自社の製品やサービスを買ってもらうために必死になることだろう。こういうときにやはり、モノを買える力、現金を持っている会社は強いものだ。

その優位性を活用して、条件交渉に臨んでみよう。現金で取引ができればなおのこと、有利な条件を引き出すことができるだろう。

■経費の把握

時間はとても貴重なコストである。やはり、いままで縁のなかった数字の把握に、あまり多くの時間をかけたくはない。しかし、避けてとおれないのが現状把握なのも事実だ。

もっとも効率的な方法は、最低直近1カ月分の請求書を確認することである。「やっぱり……」と落ち込まれた方も、「1カ月でいいの?」と驚かれた方、どちらもいるだろう。

1カ月分の請求書は基本的には、形はどうあれ経理部門でまとめている会社が多いのではないだろうか。もし、整理されていなくても、ほかの担当者と協力して行えばいいし、まとめるという作業程度なら、経理部に「コストダウン運動に協力してほしい」と説明し、「何日までに○○に沿ってまとめてもらえるかな」とお願いすればよい。データをもっているだけ、彼らのほうが作業が早いかもしれない。

なお、請求書の確認などに慣れてきたら、12カ月分の請求書をまとめ、年間の流れを把握するように努めたい。1年をとおして、需要期を知ることは重要である。

■社内研修プログラム例

全社に協力を仰ぐ際に、コストダウン研修を行うのも効果的だ。これは、「社内で進めていく運動であり、成功の有無は一人ひとりにかかっている」ということを伝えられるよい機会になるからだ。

しかし、ここで注意しなければならないことがある。それは、「受けさせられている感」「やらされている感」を与えないということである。そこで、次のポイントを踏まえて実施しよう。

①コストダウンの目的・メリット：社内研修を実施するその背景となる目的を、数字やデータを開示し説明する
②ケーススタディ：身近で分かりやすい一例を取り上げ、イメージさせる
③グループディスカッション：さらに同じようなやり方で見直しを図れるコストについて新たな発見を探る
④グループ別発表：さらなる情報共有や実現の有無を話し合う
⑤まとめ：会社の方向性とコストダウンの必要性を理解する

お金は何も会社だけで使うものではない。家庭や個人レベルで知って得する個人のコストダウンネタを紹介し、研修受講への意欲を上げるのも効果的である。

■社内への情報発信

研修を行った場合は、その内容を社内に発信しよう。そうすれば、参加していない社員も、参加した同僚とコストダウンについての話がしやすい。そして、研修で出たアイデアは即実行し、その進行状況や成果も紹介しよう。

情報は、共有してこそ意味がある。できるだけ多頻度に定期的に行えば、その分関心を寄せてくれる人が増えるし反応も返ってくるようになる。また、その情報に感化されて自分達でも自主的に何かを始めるようになる。それがまた社内のモチベーションの上昇にもつながるのだ。

しかし、ときには情報を開示すると後ろ向きの意見や声が聞こえてくることもあるだろう。そんなことは、無視していればよい。あなたが行おうとしているコストダウン運動は、絶対に間違っていない。そして、多くの社員がそれを理解してくれているのだから。

第9章　数字以外で見るコスト

1. 時間という名のコスト

会社側から見た皆さんにかかる経費としては、皆さんの明細ベースの給与のほかにも、社会保険料会社負担分というコストがかかっている。そこまで含めて、いわゆる「直接人件費」である。それを月間平均労働時間で割れば、あなた自身の「時間当たり単価」が出る。言い換えれば、あなたが1時間稼動することでかかるコストである。

残業代カットが当たり前のいまの時代、日々の業務は時間内に終わらせることが、誰にとっても望ましいことだ。それが会議などになると、だらだらと時間をかけて挙句の果ては答えが出ない迷路に迷い込むことがしばしば。

そこには参加している人数分のコストがかかるだけでなく、会議室の電気代、何十枚にもなる企画書には用紙代、印刷代、お茶が出るなら飲み物代がかかる。さらに、ほとんどの会議は業務中に行われるため、顧客への営業活動という機会損失まで含まれるのである。つまり膨大な時間コストがかかっているのだ。

それらを加味してもしのぐほどの有益な会議が、どれだけあるのだろうか。結論が出ずに唸っているだけの会議ならしないほうがましだ。どうしても必要ならば、あらかじめ参加者に資料と議題をメールで配り、参加者が当日までに意見をまとめておくようにする。会議では各者の意見やアイデアを発言させ、さらにそれらを膨らませて磨いていけばよい。あらかじめ議題は知らされているので、意見がないとはいえないし、考えてきているのだから、他者の発言にもイメージはつきやすいだろう。

会議は短く、適切な方法で行おう。

2. 生産性向上という課題

生産性とは、投資した時間や経費でどれだけの成果が得られたという考え方である。したがって、社員の能力向上こそが、人件費のコストダウンといえる。

生産性　＝　成果÷投入時間・投入費用

そもそも会社とは、そこに属する人々を成長させるという使命ももっている。去年よりも今年、今年よりも来年と、より成長できる環境でなければならない。役不足のまま埋もれさせれば力をもてあまし、気力もないでしまう。

一方、いきなり責任が大きすぎる業務を任せられては、ストレスに押しつぶされてしまう。社員が辞めてしまえば、さらに新たな人材を募集・採用し、一から指導しなおさなければならない。

人を育てるにはコストがかかる。それは、教育費という実質的なものだけではない。先輩の指導にも時間的コストがかかっている。その間、先輩自身の業務は滞り、顧客への営業活動や作業成果は損失されているのである。また、トラブルが続けば、それを処理するための人的・金銭的コストもかかる。

全社で生産性を上げていくことは、実は難しいことなのである。

3．6W3H1Gでの報告

部下からの業務報告や上司への状況報告など、縦社会が基本となるビジネスにおいて報告・連絡・相談はよくいわれる言葉である。課長ひとりに部下が5人いれば、ひとり30分の報告・相談でも2時間以上の時間がとられる。

しかも、部下からの報告や相談というのは、本人がその案件にどっぷりつかりすべての状況を知っているため、ポイントが鈍り長々と時間をとられがちだ。ポイントが鈍れば、せっかくのアドバイスも的を外し的確な方向性を捉えられない。やはり、報告に時間をかけず、的確な方向性を見据えたアドバイスで時間と機会損失を防ぐことが重要なのだ。

業務報告には、5W1Hという言葉を踏まえろとよくいわれる。

・Who（誰が）
・When（いつ）
・Where（どこで）

・What（何を）
・Whom（誰に対して）
・How（どのように）である。

これにさらに1W2H1Gを加えることもある。

・Why（なぜ）
・How many times?（何時間かけて）
・How much?（いくらかけて）
・Goal（どのレベルを目指して）

この中で、筆者が特に重要視するのはWhy（なぜ）である。

Whyとは「目的」を表すことである。日本人は、この「目的を明らかにする」ということが、どちらかと言うと苦手ではないだろうか。会社においても、結果は聞かれることがあっても、あまり目的を確認されることはないのではないか。

自分の行動を振り返ると、１日の中で目的をもって行動し、それを達成できたという密度の濃い日もあれば、まったく逆の日もある。しかし、目的を持って行動した以上、その目的が果たせなかったことは自分自身でしっかり認識でき、課題もできる。しかし、目的もないまま行動すれば、その行動からは何も生まれない。ただ行動したという事実が残るだけなのだ。

目的を持って行動する習慣が組織全体に根付けば、とても大きな生産性の向上になる。「結果はどうだった？」「今日はどこに行くのか？」といった確認だけでなく、「何をしに行くのか？」「なぜそのようなアプローチをするのか？」といった質問に「〇〇のためです」という目的を伝える会話が当たり前になれば、課題と成果が明確になり、個人レベルも会社も共に成長できるだろう。

個人・家族レベルでのコストダウン

いまに始まったことではないが、いつの時代も家庭を守る主婦の方々には、節約・倹約は永遠の課題だろう。特に、景気の冷え込みや原料高・原油高による物価高など、何かと家計を圧迫する昨今。家計は完全に防衛体制に入ってしまった。

本書は、主婦の味方といった「節約指南書」ではないが、今回紹介しているコストダウンの考え方やその情報は、家計でも十分に活用できるはずだ。

例えば、携帯料金の見直しや固定電話料金の見直しなどはそのまま使えるだろう。また、各種支払いの見直しの必要性も、個人レベルでも同じといえる。

本書では、世の中の商品・サービスに対する「情報」を生活の「知恵」に変えて、「努力」ではなく「仕掛け」でコストダウンに生かしていただきたいと提案したい。そこで、改めて家庭で利用できるサービスを紹介しておこう。

せっかくコストダウンの重要性について理解を深めていただいたのだ。家庭でも節約・倹約を実践してみてはいかがだろうか。

■保険料等各種コスト

各種法改正などや景気・雇用対策などで、保険料などの見直しや予算確保など状況は変わることが考えられる。本情報は、本書執筆中の２００９年２月時点での情報であることをあらかじめお伝えしておく。

・厚生年金保険料率

04年に年金制度改正が決定された。それにより、04年10月から毎年（以降は9月に）０・３５４％ずつ引き上げられ、２０１７年9月以降は18・３％に固定される。09年9月には15・７０４％に引き上げられる。

保険料は労使で折半して負担するため、被保険者の保険料率は7・８５２％。

残念ながら、負担は増えるといわざるを得ない。

・雇用保険料率

07年の雇用保険法の改正により、雇用保険料率が0・6％（全1・5％うち事業主0・9％）に改定された。しかし、現下の厳しい雇用失業情勢をかんがみ、セーフティネット処置が取られ、09年度（09年4月1日～10年3月31日）にかぎり0・4％に引き下げられる。さらに、「再就職手当」の税率引上げや育児休業給付率の暫定的引き上げ措置などもある。

・少子化対策

08年度第二次補正予算案において、妊婦健診の無料化や「認定こども園」整備のために1000億円を投じた「安心こども基金」が設立された。そのなかに、第2子以降、幼児1人当たり3・6万円の「子育て応援特別手当」支給がある。

08年度において小学校就学前3年間に属する幼児（平成20年3月末において3～5歳の子）でかつ、第2子以降が対象となる。所得制限については、市町村がそれぞれの実情に応じて判断するため、いちど確認してみるとよい。

■各種コストダウン案

ここでは、日々の生活で活用できる簡単なコストダウン案をお伝えする。基本は常に最新の情報を得て、賢く無理せず試してみることだ。

すでに実践されている方もいらっしゃるかもしれないが、まだの方はぜひ試してみていただきたい。

・NHKの受信料も家族割

遠く離れて暮らす家計を同一にする家族（単身赴任者や下宿している学生）について、NHK受信料の支払い方法を統一（口座振替かクレジット払い）にすれば、50％の割引が受けられるのだ。

・電気代

電気の基本料金は、契約しているアンペア数によって変わる。そこで、現状のアンペア数でよいか確認してみるのもよいだろう。子供たちが独立したり、学校や仕事などで家にいる時間が少ない場合、いまより低くても問題ないかもしれない。

また、待機電力を節約するためにコンセントをこまめに抜くということもよく言われる。ホームセンターなどで売られている節電タップなどで対策をうつのも手だろう。

・水道代

蛇口をひねれば出るのが当たり前となった水は、それがイコールコストだとは考えにくいかもしれない。しかし、もちろん水道代はかかっている。

水圧が高ければ水の量が多くなり、無駄になる水の量も増える。水圧を弱めても問題ないようであれば、ホームセンターやネットショップなどで蛇口用のパッキンやシャワーヘッドなどの節水グッズを見てみるのもよいだろう。

また、とても基本的なことになるが、出しっぱなしにしないという大原則を守ることを忘れてはいけない。1分間水を流し続けると12リットルの水が使われているといわれる。洗顔、歯磨き、シャワーなど毎日の習慣から気をつけることが大切である。

・ガス代

一般に、プロパンガスは都市ガスより高い。それは、都市ガスとは異なり、公共料金としての基本料金が設定されておらず、会社ごとの料金システムになっているからだ。安い物件に引っ越したが、都市ガスからプロパンガスの使用になり、家賃で浮いた金額分をガス代がくってしまったという話もよく聞く。

戸建て物件ならば、他社（プロパンガス会社）の料金と比較して交渉してみるとよいだろう。すぐには応じてくれないかもしれないが、他社に契約を変更されるよりは…と対応してくれるだろう。また昨今は、長い目で考えて、オール電化にする方も増えているようだ。

マンションなどの集合住宅では、1部屋単位では無理だが、高料金は他室の住人も同じ悩みのはずだ。大家さんまたは管理会社に相談して、プロパンガス会社を交換してもらえるように相談してみよう。

また、お風呂は家族で入るタイミングを合わせるようにすると、追い炊きなどをする必要が無く、ガス代をかけることが少なくなるなど、日々の心がけも欠かせない。特に料理で使用することが多いガス。鍋底の水滴を拭きとる、圧力鍋の活用など、主婦の知恵はネットや各種書籍にあふれている。

家族や友人と楽しみながら情報を集めて実践することをお勧めしたい。

・ガソリン代

昨今の原油高の上昇で、ガソリン代上昇に悲鳴を上げた企業・家庭が多い。一般的なガソリン代の節約は、満タンにしない／安いスタンドを探す／積載量を軽くする／スピードを一定にする、などだろうか。

意外と見落としがちなのが、タイヤの空気圧だ。特に女性は、スタンドの料金などは気にするかもしれないが、車の空気圧をチェックする方は少ないのではないか。給油の際にスタンドでチェックしてもらうとよい。空気圧が低すぎると、燃費は悪くなるのである。

・カード払いでポイントゲット

皆さんはクレジットカードを何枚所有されているだろうか。学生時代や社会人になってすぐに作ったカードや、ジムなどの支払いなどで半強制的に契約させられてしまったカードなど、ひとり数枚の所持が当たり前になっているのではないか。

しかし、カードを持っていても現金のほうが安心だと、現金主義の方も多いようだ。そんな方々は少し考え方を変えてみてはいかがだろうか。現金とカード払い。大きな違いは、カード払いにはポイントがつくという点だ。カードを使った分、ポイントがつき、そのポイントをさまざまなサービスや商品、ギフト券に換えられるのだ。

なお、ポイント率や還元アイテムはカード会社によって異なるので、各種比較サイトで、用途にあったカードを確認してみるとよいだろう。

損害保険料、生命保険料、電話料金、携帯電話・PHS料金、都市ガス代、新聞代、NHK受信料などの支払いをカード決済にすればポイントも貯まる（電気料金は銀行自動引き落としよりカード払いの方が割高）。

ちなみに、次の支払いは将来、クレジットカード払いの可能性があるので、今後の動向も確認していこう。

住民税、固定資産税、自動車税・軽自動車税、水道料金

・金券ショップ

金券ショップを活用したことのある方も多いだろう。各種商品券や高速道路の回数券、また切手やクオカードなど、コストダウンにつながる商品ばかりだ。ホームページを開設しているお店も多いので、チェックしてみるとよいだろう。

・ポイント交換サイトの活用

先にも挙げたが、各種ポイントはバカにできないしろものだ。カード支払い

を多くすれば、ものによっては大きなポイントがつく。

貯まったポイントは、ポイント交換サイトで自分に有益な各種ポイントに交換することができるポイント交換サイト「ポイントオン」「Tポイント」「PeX」「Gポイント」などがある（09年2月情報）。

ポイントを貯めるワクワク感も、それを使うお得感も楽しんではいかがだろうか。

・インターネットの活用
より安く、より良いサービスを提供してくれる口コミ情報を入手できたり、日々の節約料理のレシピの掲載まで、インターネットには多くの実践済みの情報があふれている。

また各種比較サイトで、どのショップで購入するのがお得かも比較できる。スーパーのチラシやガソリンスタンドなど、地域に即した情報を手に入れよう。

また、ネット予約の場合、通常の購入方法よりも割引されることもある。ネットショップを活用すれば、買い物に費やす時間も軽減することができるのだ。やはりインターネットは、われわれの強い味方である。

・携帯電話、固定電話、各種保険などは第5章を参照されたい

■買わない／直して使う

いまは、100円ショップなど安価で手に入る雑貨が増えた。となれば、壊れたら新たに買えばよいと考えてもむりはない。しかし、皆がそのようにしていたら、ゴミの山が高くなるだけ。さらに、新たに買った品物が「安物買いの……」になってしまえばお金も商品もムダにするだけだ。

地域によるが、壊れたおもちゃや傘、生活雑貨などを安価もしくは無料で修理してくれるところがある。お住まいの近くにあれば、ぜひ利用されてはいかがだろうか。「地球環境」を叫ばれている昨今、ただ捨てるだけなんて「MOTTAINAI!」

・日本おもちゃ病院協会：壊れた「おもちゃ」を原則無料で修理してくれるボランティアグループ。2009年2月現在、約400名のおもちゃドクターが全国各地で活躍中。(http://toyhospital.org/kyoukaiInfo.html)

・自治団体：傘や靴、まな板など、修理すればまだまだ使える日用品を安価で修理してくれたり、不要になったおもちゃをポイントに換えてポイント数に応じてさらに再生おもちゃと交換できるサービスを地域によって展開している。

また、リサイクルプラザなどで、たんすなどの大型家具などが修理・再生され、新たに販売されている。不要になった家具の引き取りもしてくれるので、粗大ゴミに出す前に一度、検討してみてはいかがだろうか。

■一致団結して取り組む

会社でのコストダウン運動が社員の協力が不可欠なように、家庭での節約には家族の協力が欠かせない。本書で取り上げたお金に対する考え方（P.58）は、家族のなかでも十分生かせるものだ。家族で実践する際にもぜひ、家族でお金に関する考えをひとつにして取り組んでほしい。

・「持たない家計術４カ条」

日経新聞にあった「持たない家計術４カ条」を紹介しておこう。

①借りる：使用頻度が低い物や一定期間しか必要でない物は、レンタルで済ませる

②共有する：利用費用を相手と折半することで負担を抑える

③代用する：すでに持っている物で代用できないか、考えて工夫する

④買わない：自分の持ち物をきちんと把握し、直ちに必要なものでないかぎり、すぐには買わずによく考える

一見、とても当たり前のことだ。しかし、実際に実行にうつせているかとい

う と疑問だろう。私が家計のコストダウンについて思うのは、節約の意識が強いのは主婦、情報に強いのは稼ぎ手である。両者の強みを生かして、家族会議でアイデアや意見をだしあってみてはいかがだろうか。そうすることで家計の節約になるばかりか、会社の経費についての目も自ずと変わるはずである。

・話し合う

親が率先して、お金を大切にする姿を子供に見せるのはとても大切だ。しかし、できれば、家族で話し合ってさまざまな案を出し合ってほしい。子供には子供の世界や理屈、付き合いがある。ただ一言、「今日から節約するから！」と実行にうつすのではなく、趣旨を説明し、家族の一員としてしっかり意見を聞いてみよう。

ゴミが増えるとどうなるのか、どうすれば地球環境の悪化を防げるのか…など、正解を出すことが目的ではなく、意識を持たせることをこころがけるといいだろう。

・計画を立てる

家族で外出をするときなど、行き先だけ決めてぶらぶら旅行するのも楽しい。しかし、あらかじめ計画をたてておけば、インターネットなどで、早めの申し込みで割引になる、繁忙期に通常の値段で予約が取れるなど、特典がある。切羽詰まって手配をすれば出費がかさみがちだ。余裕をもって、スケジュールを立てよう。

・家族に還元する

さて、節約の成果が見えたら、家族にきちんと報告しよう。家族みんなの協力があったからこそできたことなのだ。還元方法としては、臨時のお小遣いやプレゼントでもよいが、できれば家族での外出が望ましい。家族は会話が増えるのが一番だからだ。ただし、その外出時でも、お店のクーポン券や、テーマパークの割引券、ホテルの割引情報などをチェックしていくのを忘れないように。

■『子供も学校で取り組む省エネ活動（「フィフティ・フィフティ」）！』

一部の地方自治体では、生徒たちが行った節電・節水などの金額の半分を学校に還元させる取り組みを行っている所がある。33の地方自治体（07年3月現在）のもと、多数の学校が取り組んでいる。

もともとの発祥はドイツの「フィフティ・フィフティ」と呼ばれる活動（詳細はFoEJapan ホームページで紹介）である。

黒板やノートが見づらくない明るさが確保できれば蛍光灯を消す、教室を消灯する「電気係」を決める、生徒にうちわを配って教室のエアコン温度設定を高めにする、ゴーヤや朝顔で校舎の窓を覆って「緑のカーテン」を作る、太陽光発電用パネルを設置、「もったいない憲法」を制定して給食時間に前日の消費電力量を放送して節電を呼びかける、といったユニークな取り組みがなされている。

幼少時代から楽しんで節約の意識をもてるようになり、とても良い取り組みである。

■大きな視点での節約・倹約

家を建てるときや、車や家電製品を買い替えるときに考えられる術も簡単に紹介しておこう。初期投資が必要になるため、「長期視点で」と考えて、その節目がきたら参考にされる程度でよいだろう。

・住宅またはマンションの購入・新築・建て替え

ほとんどの方が、住宅ローンを組まれるだろう。現行では入居後10年間は、そのローンの年末残高の合計額を基として一定金額をその年の所得税額から控除することができる。このような住宅ローン減税は改正を繰り返しながら長らく継続されているので、必ずチェックすることが必要だ。なお、これには年末調整または確定申告が必要になるのでお忘れないように。

大手ハウスメーカーでは、自社物件について、その後の修繕記録を「家の履歴書」として記録し、再販売時に高値販売できるように流通を整備する動きがでている。一生で一番高い買い物だ。買ったあともその資産価値の目減りが少ないことも重要なチェックポイントである。

・バリアフリー工事

住宅のバリアフリー工事が税制優遇される。手すり設置／引き戸への取り換え／床の滑り止め／トイレ・浴室の改良などの工事は補助が受けられる。対象条件や補助金額などは、お近くの役所に問い合わせてみるとよいだろう。

なお、それに伴うローンの年末残高に対して向こう5年間にわたり所得税額から控除（年末調整または確定申告が必要）される。

・ソーラーシステム

経済産業省は2010年を目処に、家庭などで発電された余剰電力を現在の2倍の価格（50円前後／kW）で電力会社が約10年間買い取る制度整備を発表した。

09年現在、太陽光発電システムは230～250万円の費用がかかる。これを、導入に際して受けられる各種補助制度と電力買い取りと併用すれば、約10年で設置費用を回収できる試算ではある。

したがって、いかに安く太陽光発電システムを取り付けるか、そして家庭内ではいかに継続して節電できるかがポイントになる。

・エコカー

平成20年度税制改正で平成22年度燃費基準＋10％達成車については自動車税を25％軽減、自動車取得税15万円控除、平成22年度燃費基準＋20％達成車については自動車税を50％軽減、自動車取得税30万円控除という優遇が受けられるようになった。

自動車税や自動車取得税の優遇はエコという潮流のなかで、今後も継続が考えられる。車の購入時には、チェックするべきポイントである。

・エコ替え

家電製品は日々性能が進化を遂げている。いま使用している製品が寿命を迎え、買い替えの時期になった場合は、コストだけではなく消費電力なども考慮したい。購入時は高いと感じても、使用年数に消費電力を考慮すると初期投資を抑えるほうが割高になることもある。

実践者の声――テナント料1億円の削減に成功

さて、本書を発刊させていただくにあたり、筆者がご相談に乗らせていただいた案件のご担当者のお話を記しておこう。この方は、本書内にも登場したテナント料を1億円削減した案件の責任者である。

コストダウンの実体験者として、読者の皆さんの参考になる点も多いことと思い、今回ご協力いただくことにした。もちろん、筆者としても、受け手側であるこの方の意見はとても参考になった。

皆さんもぜひ、実践者の声を聞いて、これからのコストダウンに生かしていただきたい。なお、お忙しいなか本書刊行に向けてご協力くださった氏に、改めて深く感謝申し上げたい。

■「コストダウン」アクションへの取掛り

私は製造業の会社で、経理部門に長年在籍していました。当社ではこれまで、製造業という立場から品質管理といった面の社内活動は展開してきましたが、自分自身の業務課題として、コストダウンに正面から積極的に取り組んだことはありませんでした。

私の業務は月次決算、四半期・半期決算、決算短信・有価証券報告書の作成および連結決算などの会計のルーティン業務を振り出しに、財務会計パッケージの導入やワークフローを使った経費精算システムの構築・導入・展開です。その意味では、会計業務の合理化・省力化といった業務効率化による間接的なコストダウンには、かかわってきたといえるかもしれません。

例えば、従業員の小口現金精算案件や業者向け定時支払など、ワークフロー経費精算システムにて入力承認された案件は、財務会計システムへ自動仕訳される仕組みを実装。また、全国に300ある営業拠点からの、事務用帳票類やカタログなどの注文・配送機能のワークフローも実装しました。

すると、これらの業務効率化による間接的なコストダウンの取り組みを進めるうちに、私自身、直接的なコストダウンへの関心が深まっていったのです。

手始めに、携帯電話の見直しを行いました。当社は、全社で約2000台の携帯電話を法人契約で社員に貸与していました。そこで、携帯電話料金のコストダウンと事務作業の軽減を狙い、「携帯電話料金管理」というサービスを導入してみたのです。

これは、ドコモ、au、ソフトバンクの3キャリアの請求データを統合してデータ処理を代行することで、従業員の携帯電話利用状況・料金の「見える化」を実現するものです。

結果、このサービスを利用する前は、全社で月額約1500万円程だったコストが、月額約1200万円程度に低減できたのです。

これをきっかけとして、さらに何かほかに大きなコストダウンにつながる案件がないかを考えるようになっていったのです。

■コストダウン関連情報の収集

さて、コストダウンに関心を持つようになりましたが、社内にはコストダウンに関する指導的部署や情報を持つ部署もありませんでした。

そこで、インターネットを活用し情報を仕入れることにしたのです。検索キーワードは「コストダウンの事例」「コストダウンのコンサルタント」「コストダウンの対象ネタ」など。

これらの検索で、当初知りたいと思っていた事柄の大半は知ることができました。もちろん、完全な情報ばかりではありませんが、コストダウン取り組みに際しての、概要や方向性をつかむことはできたといえるでしょう。そして、そのなかでひときわ目を引いたのが「コストダウン」というキーワード、および「成功報酬型コンサル」というキーワードでの検索でした。

・検索キーワード①『コストダウン』

まさに、目指す内容そのものを表すキーワードです。

この単語で検索されることを想定したサイトがひしめいています。あまりの多さに、すべては閲覧できないと迷っているなかで、絶えず上位にランキングされているサイトを発見。それが、本書の著者 片桐氏の会社のホームページだったのです。

・検索キーワード②『成功報酬型コンサル』

世の中にはさまざまなコンサルタントが存在しますが、私はこれまでコンサルタントへの依頼は、金額面で折り合いが難しいと考えていました。

特にIT系のコンサルタントは、立派な提案書を提示されても、その提案内容を実施することは困難なことがほとんど。結局、高額なコンサルタント報酬と引き換えに得たものは、いつまでも実現されない企画書のみといったことが往々にしてありました。

もちろん、優秀なコンサルタントも数多くいるのでしょうが、やはり金銭面の負担が大きい。しかも、今回の目的はコストダウンです。コストを下げることを目指すのに、それ以上のコストをかけることは当然認められないのも分かっていました。

その点、成功報酬型であれば、成果が出なければ報酬も発生しません。Ｗｉｎ－Ｗｉｎの関係がこれほど明確な仕組みもないでしょう（個人的な意見になりますが、コストダウンを標榜するコンサルタントはすべて、成功報酬型であるべきだと考えます）。

■成功報酬型コンサル導入

さて、概要を知り方向性が見えた段階で、さっそく片桐氏に相談の連絡をとりました。当初は、メールや電話での相談だったため、不要な時間をとることなく必要な情報を用意し、当社にとって最適なコストダウンスキームの確立ができました。

製造業を事業とする当社には、全国に８カ所の工場、３００の営業拠点があります。各工場の電力契約や、携帯電話のキャリア統一など、各種コストの見直しを進めていくなかで、一番の候補に挙がったのが、テナント料の削減です。なぜなら当社では、営業拠点のほとんどが賃借物件であったため、月額賃料はおよそ1億円という膨大な金額だったのです。

こうして、当社が取り組むべき枠組みができました。ここでようやく、実行に向けて片桐氏と会う段階に至りました。

会社の内部情報を開示するのに、一度も会わずに不安ではなかったのか、といった声が聞こえてきそうですが、当然、会社間で秘密保持契約書はあらかじめ締結しましたし、電話やメールなどでの細かなやり取りや返答の早さ、アドバイスの内容などから、信頼に足る人物であることは感じ取れていました。それに成功報酬です。結果が出なれば報酬は生じません。時間も大切なコスト。ムダにはできません。

しかし、すべてが順調に進んだわけではないのです。テナント料の見直しを行うにあたり、2つの障害が生じました。

・社内稟議までの困難

実行に移すべく、社内での準備を進めたときのことでした。ここにきて、思わぬ困難に遭遇したのです。それは、社内的にまったく新しい取り組みであるため、関係部署を含め個別に説明・説得に回ったのですが、法務部門からストップがかかってしまったのです。

ここから、法務部門が作成した質問書への回答を作成したり、関係各位への確認など思わぬ手間がかかってしまいました。

これにより当初想定していた展開時期が大幅にずれ込んでしまいましたが、結果としては、その間に経済状況はいっそう厳しさを増したため、かえってコストダウン導入に対する抵抗が小さくなったのは、不幸中の幸いでした。

・展開開始時の困難

さて、やっとの思いで承認を得て〝賃料削減アクション〟に関する社内稟議の決裁も得ることができました。「いよいよ実行段階だ！」と思いきや、またしても困難な事態が発生。稟議承認は得たものの、担当役員より以下のような注文がだされたのです。

「未知のアクションを展開するにあたり、いきなり全国展開するのは危険であり、賃借物件のオーナーとの関係悪化も不安視される。試験的に数カ所の物件で賃料削減交渉を実施して、問題がないことが確認されたあとに、全国展開に着手するように」との指示。

それ自体は当然でもあり、特に問題はありません。しかし、全国に散在する事業所が対象です。効率的な動きとしては、同一地域の事務所を同時に実施することが一番望ましいというのが本音でした。

しかし、社内での承認がおりなければ何もできません。ひとまず、2～3の成功事例を早急にまとめ、担当役員に提出。ようやく承認がおりたうえで、全国展開するに至ることができたのです。

■賃料削減アクションの全社展開

事前査定で全国３００箇所のうち、削減可能性がある物件は１４０件だと分かりました。各物件ごとの賃借契約書の収集といった事務作業はわれわれで行いますが、賃料交渉は営業拠点の責任者が実施することにしました。

しかし、全国の所課長会議などで説明を行う時間もコストもとれません。仕方がないので自分で賃料削減アクションの事務局となり、内容説明用のマニュアルを作成、プロセスの説明や責任者の任務、具体的な対応策を記載。併せて、全体の進捗状況の管理や契約などの処理も行うことにしました。

一度流れができてしまえば、あとは面白いように賃料交渉が成立し、続々と賃料削減が実現していきました。

最終的な数字でいえば、事前査定の見積もりを大幅に上回る結果に。削減率は全国平均10％強ですが、最大ではなんと50％。つまり賃料が半額になった物件も出たのです。これには社内でも驚きの声が上がりました。

事前査定での削減見込み金額は、１４０物件の合計で年額約６５００万円。ただし、初めての試みということで、成功ラインは見込みの70％と考えられていました。

成功ラインは、アクション開始から４カ月目でクリア。さらに翌月には、当初目標を100％達成（約6500万円の削減）を実現。最終的な実現率は、当初目標の155％、1億円という大成功の結果に終わりました。

この間、社内に与えるインパクトや評価は、激変したと言ってよいでしょう。例えば、アクション開始当時は、本社ではなく各拠点の責任者が賃料交渉に当たることで、「本業以外の賃料交渉などに時間を割くなんて…」という反応でした。また、「なんでいまさら賃料交渉を…」というマイナスの反応が多かったのも事実です。

しかし、今回のアクションを進めた結果、決定的な変化が2点おきました。

まずひとつは、削減目標が明確な数字で立証できたこと。これは専門家の助言を得た圧倒的な強みでしょう。これまでの交渉では「もう少し賃料を下げてもらえませんか？」といった抽象的なアプローチだったので、先方も交渉には簡単に応じてはくれませんでした。

さらにもうひとつは、専門家のアドバイスにより、各責任者も的確に行動にうつせたことです。これまでは、日々の業務の合間や何かのついでに賃料交渉を行うといった意識だったので、賃料低減はできなくて当たり前だったのです。

成果が出た段階で、一覧表やグラフにまとめて周知させたのも奏功したといえるでしょう。ひとつずつの実績が支えとなって、「あのエリアで実現できたのであれば自分の拠点でもできるはず」と、各交渉担当者の自信につながり、社内は一気に協力体制に入り、次々と成果につながったのです。


頑張った甲斐もあり、上司からも評価のコメントをもらえるようになり、ようやく賃料削減アクションがひとつの立派な業務として認められたのだと実感がわいてきました。するとさらに、この経験は本業務の垂直方向、水平方向への広がりに発展する種となり得るのではないか、という考えに至るようになったのです。

垂直方向への広がりとは、これまでの「交渉は現場任せ、本社は契約書の保管のみ」といった流れから、「適正資料をもとにした交渉の推進」といった流れの変化です。

また、水平方向の広がりとしては、コストダウンについて今回の成功ノウハウを他の案件にもうまく適用して、「対象範囲・適用案件の拡大を進めていく」という点です。

■次の展開

現在、140件の賃料削減対象物件の交渉はほぼ終了しました。いまは、次の2点で展開を考えているところです。

①事務所賃料削減「第2弾」

先の賃貸料の見直しでは、当初300の物件のなかから、事前査定で賃料削減見込み金額がさほど大きくないものは対象から見送っていました。そこで再度、賃料削減物件の精査を行ったうえ、さらに30件ほどが新たな対象になると算出できたのです。

今回は、前回の実績や流れもあり、社内的にはスムーズに進み、すぐにも着手が可能になりました。

②別コストダウン案件の検討

現在、新たなコストダウンのネタ探しを進めています。テナント料削減の経験で、不動産賃料は固定費としてのウエイトも大きく、よってコストダウン効果も大きいということを身を持って実感しました。

そこで次なるコストダウン案件は、転勤者に対する「借り上げ社宅制度」での住宅賃料の削減です。当社の現在の仕組みは、転勤者が赴任先で個別にマンションやアパートを見つけてきて、会社で法人契約するという流れです。

入居者は、地域ごとに設定された自己負担率に応じた分を給与より負担、会社は契約や更新の事務処理をするだけ。これでは、オーナーと直に賃料交渉するというインセンティブに欠けて、会社の管理部門でも個々の物件ごとに賃料交渉するなどの余力も知恵もでません。

そこで、事務所賃料削減での経験を生かし、借り上げ社宅賃料の削減を進めたいと考えているのです。これから片桐氏と協力して、この案件のスキームを固めるところからスタートしていくことになります。

住宅の賃料は、事業所の賃料と比べてひとつずつの金額は少ないでしょう。しかし、当社が全国で借り上げている社宅件数は、全国で1000件近くにも上ります。そのうち賃料削減が見込めそうな物件のみを拾い出したとしても、かなりの件数が対象となるでしょう。これらの成果が目の前にあると思うと、やはりやりがいが出てきます。

最初は、個人的な関心から進めたアクションが、ここまで全社的な展開になるということも、さらに、1億円という大削減につながるとも考えていませんでした。

しかし、障害を乗り越えたり、協力してくれる仲間が増えたりといった一つひとつが、わたしのなかで大きなやりがい、そして達成感につながっていったのです。

これからも、さまざまな協力を仰ぎながら、コストダウンに前向きに取り組んでいきたいと考えています。

あとがき

これからの月日は、日本をはじめ世界を今と違うものに変えていくに違いない。そうしたなかで、常に時代や環境に適合し、知恵を絞り、次につないでくれるのはわれわれではなく末裔たちだ。そのためにわれわれは、次の世代、その先の世代へとつないでいくために、「人を育て」ていかなければならないのである。

企業は人材を、上司は部下を、先輩は後輩を、親は子を、兄姉は弟妹を……。「人を育てる」ことこそが、人間としての使命なのである。

しかし、人を育てるには時間と労力とお金がかかる。親が子供の養育を放棄してはいけないのと同様に、企業も社員の育成を放棄してはならない。そして家計を預かる主婦が日々のやりくりをしながら子供たちに教育を受けさせるように、企業は経費を抑えながら社員の成長を守らなければならないのだ。

私は、独立前に大手経営コンサルティング会社で20年間勤めた。その間、中堅・

中小企業に対してさまざまなコンサルティングや研修を実施した後、最後の2年間はコストダウンに特化したコンサルタントを担当することになった。私自身にとっても初めての分野だったが、これはとても有益な仕事内容であると感じたのだ。

そのときに私は、自社内でもこの経験を生かした。それは、「このままでは、いずれ給与カットや人員削減が行われる。もしそうなったとしても、ほかの社員から『もっとほかに削れることがあるだろう』と思わせたくない、思われたくない」という思いがあったからだ。そして、でき得るだけのコストダウンに取り組んだ。

たしかに人件費は一番高い経費といっても過言ではない。しかし、だからといって簡単に手をつけられる項目ではない。給与カットは間違いなく現場のモチベーションを下げる。それは、経費としてのコストダウンはできても、お客様に迷惑が及んだり、品質が低下したりといった悪影響が、売上低迷や信用低下を招く可能性があるのだ。

また、人件費以外でコストダウンを行おうとしても、社員が事の重要性を認識していなければ協力など得られない。

わたしがコストダウン専門のコンサルタントとして独立したのはこれはきっと世の中の役に立てるという確信が持てたからだった。

近年の大不況で多くの企業が人員削減を余儀なくされている。さらに残念ながら、倒産まで至ってしまった企業の知らせも後をたたない。たしかに多くの企業にとって深刻な状況であろう。

願わくば、人件費削減に手をつけるのは最後の最後にしていただきたい。できれば、人件費削減には手をつけることなく、なんとか乗り切っていただきたいと切に願っている。本書がその願いの代替として、少しでも読者や読者の属する会社、そして個人資産を守る一助になることを願ってやまない。

２００９年３月

片桐　明

■著者　片桐明（かたぎり・あきら）

1963年京都生まれ。同志社大学を卒業後、株式会社日本エル・シー・エーに入社し、主に中小企業の経営コンサルティングや子会社の立ち上げに従事。2006年起業。株式会社コストダウン代表取締役。

本書およびコストダウンに関するお問い合わせは、株式会社コストダウン ホームページからご連絡ください。

http://www.costdown.co.jp

2009年4月3日 初版第1刷発行

PanRolling Library ㉜

明《あか》るいコストダウン
――ムダを省く前向き思考

著　者　片桐 明
発行者　後藤康徳
発行所　パンローリング株式会社
〒160-0023 東京都新宿区西新宿7-9-18-6F
TEL 03-5386-7391　FAX 03-5386-7393
http://www.panrolling.com/
E-mail info@panrolling.com
装　丁　パンローリング装丁室
印刷・製本　株式会社シナノ

ISBN978-4-7759-3069-4

仕事筋シリーズ

仕事筋シリーズ 1

図解
コンサルティング力養成講座

ビジネスで生かせるコンサルタント思考を、身近な事例をベースに紹介！
スキマ時間で鍛えるビジネス思考実践マニュアル――仕事筋シリーズ好評の第１弾！

斎藤広達著
定価 700 円 ＋ 税　ISBN 978-4-7759-3044-1

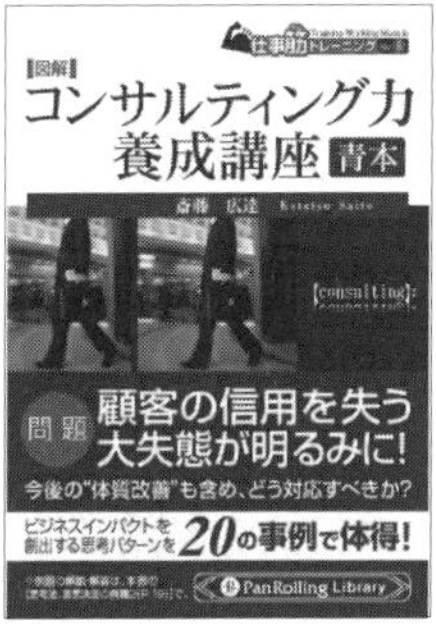

仕事筋シリーズ 5

図解
コンサルティング力養成講座
青本

ビジネスでは課題がつきもの。それはときに経験だけでは太刀打ちできない判断を要する。戦略的な分析力や決断力を、実例をもとに使えるフレームワークを体得しよう！

斎藤広達著
定価 700 円 ＋ 税　ISBN 978-4-7759-3053-3

仕事筋シリーズ

仕事筋シリーズ 4

図解 ＭＢＡ的発想人
課長力 養成講座

日々の業務に部下からの報連相と上司からの期待。時間が足りない毎日でも、常に結果を出し、周りからの信頼も得て、自分自身に付加価値をつける世界標準の課長になろう！

斎藤広達著
定価 700 円 ＋ 税　ISBN 978-4-7759-3051-9

仕事筋シリーズ 3

MBA的仕事人

先が見えない時代だからこそ、自らをマネジメントすることが重要。仕事でもプライベートでも使える、「最高の結果へ導く最短ルートを瞬時にみつける手法」を体得しよう！

斎藤広達著
定価 700 円 ＋ 税　ISBN 978-4-7759-3050-2

仕事筋シリーズ 8

あなたブランドを高める
12のステップ

本書は、あなた自身のブランド構築における手法を分かりやすく解説。「自分の価値を見直したい」「まだまだ、こんなところでは終わらせたくない」という熱い思いを持つかた必見！

斎藤広達著
定価 700 円 ＋ 税　ISBN 978-4-7759-3061-8

仕事筋シリーズ

仕事筋シリーズ 6

図解
サラリーマンの決定力講座

ビジネスのスピードが加速度的に速まり、数カ月であっという間に状況が変わる時代。的確で早急な意思決定を下すために、目的までの自然な意思決定へのプロセスを見つける術を解説。

斎藤広達著
定価 700 円 ＋ 税　ISBN 978-4-7759-3056-4

仕事筋シリーズ 2

MBA的発想人

これからの時代をサバイブするために必要なのは、柔軟かつ論理的な〝考える力〟。読めばスグに取り組める頭のトレーニング法で「脳みそ」の使い方を手に入れよう！

斎藤広達著
定価 700 円 ＋ 税　ISBN 978-4-7759-3047-2

仕事筋シリーズ 7

会社を継いだ男たち

後継者とは自らつかむもの——。後継者こそリスクに挑むもの——。業態や規模、扱う商品も異なる環境で、「会社を継ぐ」という決断を下した男たちの飽くなき挑戦とは！

清水泰著
定価 700 円 ＋ 税　ISBN 978-4-7759-3058-8

PanRolling Libraryシリーズ

マンガ 史上最強の投機家ソロス
黒谷 薫著　定価648円+税

英ポンド相場で大勝利を収め英国銀行を破綻寸前に追い込んだ投機家ジョージ・ソロスの半生を描く。傑出した成功と慈善事業を続ける背景にあるものとは？

マンガ 伝説の相場師リバモア
小島利明著　定価648円+税

「投機王」ジェシー・リバモアの名前を聞いたことのないトレーダーは、かなりのもぐりだろう。天才相場師の波乱に満ちた人生は、多くの教訓を与えてくれる！

マンガ はじめてのデイトレ
てらおか みちお著　定価648円+税

1日のうちに売買を完結させるデイトレードは、遠い将来の予測よりも目先の変動が重要。タイミングからチャートの見方、損切りの重要性までを指南。

マンガ 資金力3倍トレードの心得
広岡 球志著　定価648円+税

信用取引に危険なイメージをもつトレーダーは多い。しかし、そのリスクを理解して空売りやレバレッジを活用すれば、トレードの幅と機会は格段に広がるのだ。

マンガ 今日からデビューのFX
山口祐介作・佐々木慧画　定価700円+税

株式よりもFX（外国為替証拠金取引）に関心を持つ人が増えている。いったいFXとは何なのか？　その仕組み、レバレッジ、リスクについてゼロから分かる！

PanRolling Libraryシリーズ

大恐慌を売り切った増し玉の極意
孤高の相場師 リバモア流投機術
ジェシー・リバモア著　定価７００円＋税

相場の世界に裸一貫で飛び込み、巨万の富を築いた「投機王」リバモア。彼が息子のために残した売買手法や投機哲学、リスク管理が、今ここによみがえる。

ブレイクアウト売買法の元祖「ボックス理論」の生い立ち
私は株で200万ドル儲けた
ニコラス・ダーバス著　定価８００円＋税

営業マンの「うまい話」に乗って株で大損をしてしまった個人投資家が、自己責任に目覚め、試行錯誤をしながらも独自のスタイルを構築し、大資産を築くまで。

テープリーディングのプロが教える株式売買法
板情報トレード
リチャード・D・ワイコフ著　定価６４８円＋税

著者は今も多くの成功者から尊敬されている伝説のトレーダー。株価と出来高を刻々と打ち出すティッカーテープでトレンドとその転換を読み取る術を伝授する。

トレードの本質をえぐる魔術師のバイブル
スイング売買の心得
リチャード・D・ワイコフ著　定価６４８円＋税

米国株のバブルが崩壊した直後の１９３０年代初め、その後の長期低迷を予測した著者は、病の身をていしてスイング売買の実践とその哲学を世に紹介した。

売りのヤマタネ半生記
そろばん
山崎種二著　定価７００円＋税

後にその常勝ぶりから「相場の神様」とまで呼ばれた山崎種二の自伝。米問屋の丁稚から山種グループを築くまでの出世物語は、読む人に強い爽快感を与える。

チャートギャラリーでシステム売買

DVD チャートギャラリーで今日から動く日本株売買システム

著者：徃住啓一

定価 本体 10,000 円+税 ISBN:9784775962527

個別株4000銘柄で30年間通用するシンプルな短期売買ルールとは!? 東証、大証、名証、新興市場など合計すると、現在日本には約4000～4500銘柄くらいの個別株式が上場されています。その中から短期売買可能な銘柄の選び方、コンピュータでのスクリーニング方法、誰でもわかる単純なルールに基づく仕掛けと手仕舞いについて解説します。

株はチャートでわかる！【増補改訂版】

著者：パンローリング編

定価 本体 2,800円+税 ISBN:9784775990605

1999年に邦訳版が発行され、今もなお日本のトレーダーたちに大きな影響を与え続けている『魔術師リンダ・ラリーの短期売買入門』『ラリー・ウィリアムズの短期売買法』(いずれもパンローリング)。こうした世界的名著に掲載されている売買法のいくつかを解説し、日本株や先物市場で検証する方法を具体的に紹介するのが本書『株はチャートでわかる！』である。

魔術師リンダ・ラリーの短期売買入門

著者：リンダ・ブラッドフォード・ラシュキ, L・A・コナーズ
定価 本体 28,000 円+税 ISBN:9784939103032

国内初の実践的な短期売買の入門書。具体的な例と豊富なチャートパターンでわかりやすく解説してあります。著者の1人は新マーケットの魔術師でインタビューされたリンダ・ラシュキ。古典的な指標ですら有効なことを証明しています。

ラリー・ウィリアムズの短期売買法

著者：ラリー・ウィリアムズ
定価 本体 9,800 円+税 ISBN:9784939103063

マーケットを動かすファンダメンタルズとは、3つの主要なサイクルとは、いつトレードを仕切るのか、勝ちトレードを抱えるコツは、……ウイリアムズが答えを出してくれている。

フルタイムトレーダー完全マニュアル

著者：ジョン・F・カーター
定価 本体 5,800 円+税 ISBN:9784775970850

トレードで経済的自立をするための「虎の巻」！ステップ・バイ・ステップで分かりやすく書かれた本書は、これからトレーダーとして経済的自立を目指す人の必携の書である。

自動売買ロボット作成マニュアル

著者：森田佳佑
定価 本体 2,800 円+税 ISBN:9784775990391

本書は「マイクロソフト社の表計算ソフト、エクセルを利用して、テクニカル分析に関する各工程を自動化させること」を目的にした指南書である。